DIREITOS, POLÍTICA
E CIÊNCIA EM TEMPOS
DE PANDEMIA

JOSÉ EDUARDO FARIA

Prefácio
Celso Fernandes Campilongo

DIREITOS, POLÍTICA E CIÊNCIA EM TEMPOS DE PANDEMIA

Belo Horizonte

FÓRUM
CONHECIMENTO JURÍDICO

2022

© 2022 Editora Fórum Ltda.

É proibida a reprodução total ou parcial desta obra, por qualquer meio eletrônico, inclusive por processos xerográficos, sem autorização expressa do Editor.

Conselho Editorial

Adilson Abreu Dallari
Alécia Paolucci Nogueira Bicalho
Alexandre Coutinho Pagliarini
André Ramos Tavares
Carlos Ayres Britto
Carlos Mário da Silva Velloso
Cármen Lúcia Antunes Rocha
Cesar Augusto Guimarães Pereira
Clovis Beznos
Cristiana Fortini
Dinorá Adelaide Musetti Grotti
Diogo de Figueiredo Moreira Neto (*in memoriam*)
Egon Bockmann Moreira
Emerson Gabardo
Fabrício Motta
Fernando Rossi
Flávio Henrique Unes Pereira

Floriano de Azevedo Marques Neto
Gustavo Justino de Oliveira
Inês Virgínia Prado Soares
Jorge Ulisses Jacoby Fernandes
Juarez Freitas
Luciano Ferraz
Lúcio Delfino
Marcia Carla Pereira Ribeiro
Márcio Cammarosano
Marcos Ehrhardt Jr.
Maria Sylvia Zanella Di Pietro
Ney José de Freitas
Oswaldo Othon de Pontes Saraiva Filho
Paulo Modesto
Romeu Felipe Bacellar Filho
Sérgio Guerra
Walber de Moura Agra

FÓRUM
CONHECIMENTO JURÍDICO

Luís Cláudio Rodrigues Ferreira
Presidente e Editor

Coordenação editorial: Leonardo Eustáquio Siqueira Araújo
Aline Sobreira de Oliveira

Rua Paulo Ribeiro Bastos, 211 – Jardim Atlântico – CEP 31710-430
Belo Horizonte – Minas Gerais – Tel.: (31) 2121.4900
www.editoraforum.com.br – editoraforum@editoraforum.com.br

Técnica. Empenho. Zelo. Esses foram alguns dos cuidados aplicados na edição desta obra. No entanto, podem ocorrer erros de impressão, digitação ou mesmo restar alguma dúvida conceitual. Caso se constate algo assim, solicitamos a gentileza de nos comunicar através do *e-mail* editorial@editoraforum.com.br para que possamos esclarecer, no que couber. A sua contribuição é muito importante para mantermos a excelência editorial. A Editora Fórum agradece a sua contribuição.

Dados Internacionais de Catalogação na Publicação (CIP) de acordo com ISBD

F224d   Faria, José Eduardo
Direitos, política e ciência em tempos de pandemia / José Eduardo Faria. - Belo Horizonte : Fórum, 2022.

121 p. ; 14,5cm x 21,5cm.

ISBN: 978-65-5518-394-8

1. Direito. 2. Direitos Humanos. 3. Sociologia do Direito. 4. Metodologia. 5. Direito constitucional. 6. Direito à saúde. 7. Direito público. 8. Direito privado. I. Título.

2022-1334

CDD 341.4
CDU 341.4

Elaborado por Vagner Rodolfo da Silva - CRB-8/9410

Informação bibliográfica deste livro, conforme a NBR 6023:2018 da Associação Brasileira de Normas Técnicas (ABNT):

FARIA, José Eduardo. *Direitos, política e ciência em tempos de pandemia*. Belo Horizonte: Fórum, 2022. 121 p. ISBN 978-65-5518-394-8.

SUMÁRIO

PREFÁCIO
DIREITOS, VÍRUS E PANDEMIA
Celso Fernandes Campilongo 7

APRESENTAÇÃO 13

INTRODUÇÃO
A POLÍTICA E A CIÊNCIA EM TEMPOS DE
PANDEMIA 15

1. PANDEMIA E ESTADO DE SÍTIO 35

2. LIBERTARISMO E LIBERALISMO
EM TERMOS DE PANDEMIA 41

3. A SAÚDE PÚBLICA ENTRE
O ESTADO E O MERCADO 49

4. UM DIREITO ECONÔMICO "DE GUERRA"
(COM JEAN PAUL VEIGA DA ROCHA) 55

5. OS "CASOS DIFÍCEIS" E A INSTABILIDADE
REGULATÓRIA 61

6. A AGENDA PÓS-PANDEMIA: ESTADO E NOVOS
PADRÕES DE INTERVENÇÃO 67

7. VACINA, CIÊNCIA E DEMOCRACIA 81

8. A JUSTIÇA, A PANDEMIA E O RETORNO DA
INFLAÇÃO 85

9. RISCOS, INCERTEZAS E DEMOCRACIA 91

10. DIREITOS E PRINCÍPIOS CONSTITUCIONAIS
NA FASE VERMELHA 97

11. O *ETHOS* DAS FORÇAS ARMADAS
E A BANALIDADE DO MAL 103

12. A OFENSIVA CONTRA A LIBERDADE DE
PENSAMENTO, CÁTEDRA E PESQUISA 109

13. O SUPREMO, O DIREITO E AS CELEBRAÇÕES
RELIGIOSAS 115

14. PANDEMIA E SAÚDE PÚBLICA: A NOVA
OFENSIVA DA UNIÃO CONTRA OS GOVERNOS
ESTADUAIS 119

PREFÁCIO

DIREITOS, VÍRUS E PANDEMIA

A relação entre mestres e discípulos sempre gerou polêmicas. Descrição curiosa e perspicaz dessas parcerias encontra-se na obra de Françoise Waquet *Os filhos de Sócrates: filiação intelectual e transmissão do saber do século XVII ao XXI* (Rio de Janeiro: Difel, 2010). Fui aluno de José Eduardo Faria na graduação (no longínquo ano de 1979), seu orientando no mestrado (1987) e no doutorado (1991). Tenho sérias dúvidas se, no caso específico, "o discípulo, ao tornar-se mestre, é em si, por excelência, a contradoação feita ao mestre que o fez", como escreve Waquet. A "retribuição", no meu caso, seria irrisória e injusta. Posso atestar, porém, que, se o papel do mestre é oferecer ao discípulo os meios ou as possibilidades de criação e autoanálise, meu orientador foi insuperável. Esta coletânea de textos de Faria é mais uma prova dessa capacidade. A honra de apresentá-la é demonstração continuada da generosidade do meu orientador e da oferta dos meios analíticos ao discípulo.

José Eduardo Faria possui rara habilidade de observação, interpretação e leitura do lugar do direito na vida social. Se é evidente que os ataques à democracia, o neoliberalismo e a pandemia expuseram feridas acumuladas da ordem jurídica brasileira e que a análise da confluência desses fenômenos aponta mais para "não saberes" do que para a conceitualidade estabelecida, também é certo que os ensaios reunidos neste livro, produzidos na era do "isolamento social" e das *"lives"*, oferece pistas alargadas sobre como reconstituir a cidadania e os direitos no pós-pandemia.

A modernidade e o capitalismo criaram, propagaram e acumularam problemas. O direito, muitas vezes instrumento de controle e imunização contra esses problemas modernos, parece não estar à altura do que dele se espera. Não demonstra suficiente ferramental para a imaginação institucional, a descoberta e a inovação. Tudo agravado pelo fato de que, na retomada ou no "novo normal", as demandas por soluções originais só farão aumentar.

Examinarei as teses de José Eduardo Faria em interação com outros sociólogos do direito que enfrentaram, nos últimos tempos, a mesma desafiadora agenda – tenho a todos como mestres. Independentemente das diferenças teóricas, modelos de análises e estilos argumentativos, o livro de Faria dialoga com trabalhos recentíssimos de Boaventura de Sousa Santos, Joaquim Falcão e Raffaele De Giorgi, referências icônicas para a sociologia jurídica nacional.

Talvez não se possa esperar dos institutos jurídicos, pelas peculiaridades da pandemia, o vigor e o protagonismo que tiveram em outros momentos recentes de superação de graves impasses globais – como os pós-guerra de 1918 e 1945, o *New Deal* ou, mais recentemente, o período que se seguiu à crise financeira de 2007/2008 –, mas isso não significa que eles não sejam necessários ou que os juristas sejam descartáveis no processo de reconstrução dos próximos anos.

Chamo a atenção para cinco aspectos, todos enfrentados nas finas análises do novo livro do Professor Faria e dos interlocutores aqui escolhidos.

O primeiro diz respeito aos dilemas de uma democracia instável e afetada pelo vírus. Como o direito poderia equilibrar soberania popular e processo de acumulação, inclusão e rentabilidade, debate público informado e culturas do cancelamento, negacionismo ou ódio? São combinações tensas e que geram constantes instabilidades. Seria missão para um "superdireito", no qual nem os mais idealistas creem, solucionar esses impasses. Então, o que fazer? Expandir o poder coercitivo do direito, como sugerem forças intolerantes, violentas e favoráveis ao armamento da população? Atacar os instrumentos da democracia representativa, desacreditar o processo eleitoral, imaginar que os tribunais sejam estorvos? Ou, ao reverso, fortalecer as instituições – a começar, no nosso caso, pelo STF e pelo parlamento –, aprofundar as franquias democráticas e impedir que a vulgaridade, o anticientificismo, a mentira e o desprezo à Constituição prevaleçam? Notório que o direito jogará papel decisivo nessa partida. Além do livro de Faria, com muitos pontos de contato e diálogo temático, veja-se, também, o trabalho de outro nome de destaque na Sociologia do Direito de língua portuguesa: Boaventura de Sousa Santos, no recente *O futuro começa agora: da pandemia à utopia* (São Paulo: Boitempo, 2021). Novamente, falo na condição de discípulo.

O segundo ponto está relacionado à opinião pública. Em nome da liberdade de expressão está em curso processo (não tão lento) de corrosão e desgaste dos direitos, como destaca Faria. Primeiramente, foram os ataques aos direitos econômicos, trabalhistas e sociais, sob a acusação de que seriam os culpados pelo "custo Brasil". Depois, no caso brasileiro, em especial nos dois primeiros anos do governo Bolsonaro, as tentativas de desmonte dos direitos políticos, da tripartição de poderes, do federalismo e do próprio Estado Democrático de Direito, com a ridícula, inconstitucional e criminosa invocação de suposto Poder Moderador de intervenção militar. Mais uma vez, o direito volta à tona, como bem demonstra Faria.

O terceiro *fator* envolve os poderes fáticos, informais e penetrantes de uma ordem jurídica paralela, extraestatal, ilegal. Quem resolve os conflitos? É terceiro imparcial? Limitado pelas regras do devido processo? Utiliza a força apenas e tão somente quando autorizado pelo direito? Nada disso. A cada dia ficam mais visíveis e assanhados "poderes" concorrentes ao Judiciário. Sobrecarregado e lento na capacidade de respostas, ele "compete" (quando deveria ser monopolista) com espaços "delegados" como a mediação, a arbitragem, as ferramentas extrajudicias, as formas alternativas de resolução de conflitos e as agências regulatórias. Até aí, sinais dos tempos e das sobrecargas do Estado. O que causa perplexidade é a rivalidade da *"Lex Constitutionalis"*, de uma parte, com as estranhas *"Lex Dollar"*, *"Lex Militiae"*, *"Lex Trafficus"* e *"Lex Crypto"*, de outro lado, como indica Joaquim Falcão em texto provocativo ("Quem é o dono da Justiça no Brasil?", *Valor Econômico*, Rio, 06.08.2021). São forças que exigem, induzem e se apropriam dos deveres e liberdades do cidadão. De novo, a "força do direito" exige presença e capacidade de reversão dos desvios. As conquistas evolutivas do sistema jurídico estão sendo destruídas e postas em risco, como ensina este outro grande mestre e também indica Faria.

Doutra perspectiva, um quarto ponto retiro e reconstituo do livro de Faria em diálogo imaginário, agora, não com um escrito, mas com diversas *"lives"* disponíveis na Internet, em português, de outro *"maestro mio"*: o professor italiano Raffaele De Giorgi. Para o professor de Lecce, o futuro já começou e, paradoxalmente, não pode começar! Ele não é um plano, mas o resultado da destruição do trabalho, da financeirização da economia, da supressão dos valores do ar e da qualidade de vida dos cálculos do PIB. Enfim, uma socialidade que se perdeu no "futuro" a que chegamos com o neoliberalismo.

Por caminhos diferentes, mas conclusões semelhantes àquelas de Faria, transitam todos esses ricos interlocutores. A tarefa de "reconstrução" do futuro reside em recompor a função de imunização do direito e abrir as portas para infinitas possibilidades de escolha. A forma de construção de alteridades contemporâneas produz periferias, marginalização, razão única, desigualdades. Como o direito pode reconstruir a semântica dos problemas e dos conceitos do próprio direito? Como descrever aquilo que não vemos e não sabemos que não vemos? Como construir e escolher no horizonte de possibilidades do futuro? Os ensaios de José Eduardo Faria não são otimistas nem ingênuos, mas oferecem poderosas indicações sobre quais são e como dar início ao enfrentamento dos novos desafios do direito. Trabalho de mestre, fortuna dos discípulos.

Celso Fernandes Campilongo
Diretor da Faculdade de Direito da USP, onde é professor titular do Departamento de Filosofia e Teoria Geral do Direito. Professor Associado e Chefe do Departamento de Teoria do Direito da PUC-SP

APRESENTAÇÃO

O longo ensaio introdutório e os artigos aqui reunidos[1] foram escritos com base no desenvolvimento de meu projeto de pesquisa sobre direitos e saúde pública na Faculdade de Direito da Universidade de São Paulo (USP), cujo programa para os próximos anos prevê a expansão de áreas jurídicas "altamente especializadas que estão surgindo em face das transformações na economia, nos métodos de produção e nas tecnologias de comunicação".

As questões aqui discutidas integram o projeto científico mais amplo do Departamento de Filosofia e Teoria Geral do Direito, que chefio, enfatizando "a importância dos debates de natureza ético-política e, portanto, dos fundamentos da vida política e da estrutura das democracias".

No caso específico do trabalho que desenvolvo no âmbito desse projeto, ele parte da premissa de que a eclosão da pandemia trouxe à tona problemas estruturais das democracias tradicionais, a ineficácia de instituições de direito forjadas para tempos normais e a tendência de governos autocráticos de proporem medidas jurídicas de exceção com o objetivo de tentar torná-las efetivas após o fim da crise sanitária. Ao trabalhar sobre essas questões com o advento da Covid-19, passei a escrever artigos sobre esses temas e a discuti-los em palestras pedidas por alunos de graduação e pós-graduação da Faculdade de Direito da

---

[1] Afora o ensaio introdutório, os capítulos deste livro consistem em versões revisadas de ensaios publicados previamente na imprensa: capítulo 1: blog *Estadão*: Política, 22.03.2020; 2: *Jota*, 01.04.2020; 3: blog *O Estado da Arte*, 23.04.2020; 4: *Jota*, 09.05.2020; 5: blog *O Estado da Arte*, 13.05.2020; 6: *Revista Latinoamericana de Sociología Jurídica*, a. 2, nº 3, p. 228-245, 2021; 7: blog *O Estado da Arte*, 28.10.2020; 8: *Jota*, 23.11.2021; 9: blog *O Estado da Arte*, 14.12.2020; 10: *Jota*, 29.01.2021; 11: blog *O Estado da Arte*, 02.02.2021; 12: blog *O Estado da Arte*, 10.03.2021; 13: *Jota*, 07.04.2021; 14: blog *Estadão*: Política, 31.05.2021.

USP e em debates com colegas da área de Teoria do Direito e Sociologia Jurídica de universidades italianas, espanholas e latino-americanas.

O denominador comum dos textos reunidos neste livro é sua natureza interdisciplinar. Eles envolvem questões éticas decorrentes do negacionismo científico e da discussão sobre a obrigatoriedade ou não da vacinação; tratam de questões vinculadas ao ordenamento legal em vigor decorrentes de previsão constitucional e do crescente processo de judicialização da atuação do Executivo federal na articulação de programas de vacinação e combate à pandemia; debatem questões vinculadas ao modo como os tribunais de diferentes instâncias vêm recebendo, tratando e julgando ações interpostas por cidadãos, grupos, movimentos sociais, defensorias públicas e procuradores de Justiça. E ainda discutem questões político-administrativas decorrentes do desrespeito do Executivo federal à estrutura federativa e das afrontas a governadores e prefeitos.

Este livro só foi possível pelo incansável apoio que me tem sido dado por colegas do Departamento de Filosofia e Teoria Geral do Direito. E, também e principalmente, pelo empenho de Luciana della Nina Gambi, minha antiga e querida aluna de graduação e pós-graduação e hoje doutora especializada nas discussões sobre o alcance e a efetividade dos institutos jurídicos na área do Direito Ambiental. Luciana não apenas leu pacientemente cada texto, como também os corrigiu e fez sugestões. Na parte editorial, o livro contou ainda com o apoio sempre eficiente de Raissa Moreira Lima Mendes Musarra, que tem mestrado em ciências sociais, doutorado em Direito Público e, entre outras atividades, integrou o Programa de Pós-Graduação em Ciência Ambiental (PROCAM), vinculado ao Instituto de Energia e Ambiente da Universidade de São Paulo (IEE/USP). A todos e todas sou profundamente grato.

São Paulo, março de 2022.

INTRODUÇÃO

A POLÍTICA E A CIÊNCIA EM TEMPOS DE PANDEMIA

Exponenciada pela crise da matriz energética do pós-guerra, a transição do século 20 para o século 21 foi marcada pela reestruturação dos espaços políticos e pela proliferação dos regimes normativos emanados não apenas das instituições estatais, mas, igualmente, das grandes empresas mundiais, dos organismos multilaterais e das agências de *rating*.

Esse foi um cenário em cujo âmbito a lógica utilitária dos mercados globais, especialmente o financeiro, contaminou o espaço público, abrindo caminho para modelos de direito novos, híbridos e mais flexíveis. Também foi um cenário que, em decorrência da mobilidade conferida aos atores econômicos pela integração dos mercados em escala mundial, as fronteiras tradicionais deixaram de definir com exclusividade os contornos da soberania territorial e, por tabela, a ideia de monopólio estatal na definição de um aparato político-administrativo.

Foi, ainda, o cenário de internacionalização das cadeias produtivas, em cujo âmbito as unidades produtivas localizadas num determinado país não se limitam a abastecer o mercado local, exercendo, também, a função de fonte de suprimentos para outras unidades mundiais. Em consequência, a gestão e a decisão dos conflitos nos diferentes sistemas e subsistemas produtivos passaram a exigir intrincadas estratégias e procedimentos inovadores de organização do espaço político. Com o alcance, a abrangência e a intensidade da transterritorialização dos mercados, as reações econômicas foram progressivamente escoando das instituições regulatórias nacionais.

Assim, a crescente complexidade de um mundo transnacional abriu para os atores econômicos a possibilidade de atuar de modo bastante distinto da tradicional reivindicação do monopólio sobre um território determinado. E, quanto mais esse processo se expandiu, mais foram proliferando as cadeias globais de valor e de fornecimento – ou seja, processos de produção fragmentados e geograficamente dispersos, com diferentes estágios localizados em diferentes países. Dito de outro modo, cadeias globais de valor são redes complexas, multiníveis, que propiciam às empresas mundiais vantagens de custos baixos, alta escala e flexibilidade espacial.

Epidemia e pandemia

Deflagrada pelo coronavírus em 2020, a eclosão da crise mundial de saúde pública, com forte impacto no crescimento da economia, na vida política, na estrutura e organização das cidades, no comportamento e hábitos das pessoas, nas condições ambientais e na cultura, ocorreu justamente no cenário marcado pelas mudanças acima apontadas.

A porosidade inerente aos limites da soberania dos Estados nacionais e a crescente atuação dos organismos multilaterais numa economia cada vez mais transterritorializada são o ponto de partida de uma importante e instigante análise feita por um respeitado filósofo basco, Daniel Innerarity, sobre o advento da Covid-19, com todos seus efeitos disruptivos de natureza social, econômica, política e moral.[1] Segundo ele, parte significativa do

---

[1] Daniel Innerarity. *Pandemocracia*. Barcelona: Galáxia Gutemberg, 2019.

alcance da tragédia causada por esse vírus pode ser explicada pela distinção entre epidemia e pandemia.

A epidemia, diz ele, ocorre em uma área geográfica delimitada, enquanto a pandemia, como foi explicitado nestes últimos tempos, surge em áreas geográficas transterritoriais. Por isso, enquanto a epidemia exige instrumentos de governo aptos para a gestão de problemas de saúde pública espacialmente localizados, por seu lado a pandemia requer a atuação de organismos de governança global, uma vez que, num mundo contagioso, ninguém está suficientemente protegido enquanto todos não estiverem a salvo.

Com a eclosão da pandemia, que afetou desproporcionalmente os segmentos sociais mais pobres e vulneráveis, todos aspectos da vida humana acabaram sendo duramente afetados – da intimidade familiar até o desenvolvimento científico-tecnológico e a governança global. Nesse mundo contagioso, interdependente e complexo, marcado pelo desajuste entre novas realidades e conhecimentos disponíveis, tanto os governos nacionais quanto os organismos multilaterais e as demais instituições de governança global falharam em suas respectivas áreas de atuação. Não tiveram capacidade de coordenação, revelaram-se despreparadas, foram relutantes e reagiram com lentidão, o que levou a situação fugir do controle, ao menos nos primeiros meses, dada a agressividade da Covid-19.

Sempre assertivos com seus tradicionais relatórios sobre austeridade fiscal e sobre reformas estruturais, porém marcados por uma enorme visão de insensibilidade social, os organismos multilaterais, ao menos num primeiro momento, não se revelaram capazes de promover uma inteligência compartilhada e cooperativa eficiente. Sua atuação foi marcada por atrasos significativos na distribuição de informações essenciais e suas instruções técnicas, num contexto de cadeias globais de valor e suprimento, falharam. E como o caráter global de sua atuação também exige conhecimentos e saberes globalizados, independentes das particularidades específicas de cada país, os organismos multilaterais se revelaram incapazes de compreender quais foram os impactos da pandemia em cada um deles e o que necessitavam para implementar políticas de saúde pública.

Já os Estados, especialmente os que foram mais aplicados na implementação de medidas de austeridade fiscal impostas por organismos multilaterais após a crise financeira de 2008, revelaram o alto custo social da ortodoxia fiscalista, pago principalmente por quem tinha sua sobrevivência em tempos pandêmicos dependente de serviços públicos essenciais. Em decorrência da política de contenção de recursos orçamentários e de privatizações de serviços essenciais, justificada em nome de um superávit fiscal obtido a qualquer custo, a rede hospitalar pública estava desguarnecida, sem redes de proteção social, sem equipamentos de segurança individual e coletiva, sem Unidades de Terapia Intensiva, sem ventiladores mecânicos em número suficiente, quando a pandemia eclodiu.

A canonização dos princípios fiscalistas corroeu o patrimônio público. Também destruiu o aparato governamental de que os cidadãos – especialmente os que não tinham um plano de saúde nem proteção contra o desemprego – passaram a necessitar para poder sobreviver. O resultado foi que a austeridade fiscal se converteu num verdadeiro *austericídio fiscal*,[2] levando a um declínio generalizado da confiança da sociedade em seus governos, à insegurança econômica, à polarização partidária e ao populismo nacionalista.

As cadeias globais de valor e fornecimento

Antes da pandemia, havia uma interdependência de comércio e produção de produtos médicos, na qual países

---

[2] Cf. António Casimiro Ferreira. *Sociologia das Constituições:* desafio crítico ao constitucionalismo de exceção. Porto: Vida Económica, 2019.

avançados se especializavam em produtos sofisticados de alta tecnologia, enquanto países com baixo custo de produção forneciam peças, equipamentos e aparelhos mais simples. O problema é que as cadeias globais de valor e fornecimento, ao promoverem uma concentração excessiva de bens intermediários e equipamentos mais simples em países com dimensões continentais como a China, onde eram menores os custos com matéria prima, mão de obra e encargos trabalhistas, continham uma armadilha – mais precisamente, um risco sistêmico.

Trata-se da ocorrência de eventos não previsíveis e de grande envergadura, como desastres naturais, atos terroristas e convulsões sociais, por exemplo, que atrasam cronogramas de entrega, rompem os fluxos e prejudicam o desempenho.[3] Foi o que aconteceu com a pandemia. Assim que ela eclodiu na China, o país foi obrigado a impor restrições a atividades econômicas para tentar controlar a propagação da Covid-19, o que prejudicou suas exportações, especialmente no setor de produtos eletrônicos, dado o avanço do teletrabalho em todo o mundo. Além disso, o governo chinês consumiu tudo o que suas fábricas produziam em matéria de equipamentos médico-hospitalares, máscaras e luvas cirúrgicas, para proteger prioritariamente sua população, o que o levou a descumprir contratos de fornecimento para a Europa, América do Norte e América do Sul.

Diante dessa descoberta *ex post facto*, e num contexto de crescente rivalidade entre os Estados Unidos e China, especialmente nas áreas mais sensíveis à indústria 4.0, o G-20 propôs a discussão sobre as novas formas de multilateralismo a serem adotadas quando a pandemia passar. Na medida em que a China se tornou nas últimas décadas robusta em termos de mercados, fonte de suprimentos e determinadas tecnologias, a iniciativa do G-20 foi justificada em nome da necessidade de

---

[3] Ver Afonso Fleury e Maria Tereza Leme Fleury. A reconfiguração das cadeias globais de valor (*global value chains*) pós-pandemia. Estudos Avançados, v. 34, n. 100, p. 203-218, 2020.

fortalecer compromissos "mais responsáveis" entre países em áreas essenciais, como saúde global, comércio internacional e desenvolvimento sustentável, tornando-os mais transparentes e confiáveis e, com isso, afastando riscos de tensões geopolíticas.

Ao mesmo tempo, partindo da premissa de que as cadeias globais de valor e fornecimento teriam ido longe demais e de que a geografia das plantas industriais, dos centros de distribuição e dos laboratórios de pesquisa é custosa e demorada em tempos de crise pandêmica, também começaram a discutir a transferência das cadeias de produção para fora da China, a adoção de estratégias de reindustrialização no mundo ocidental e a avaliar as possibilidades de diversificar, em outros continentes, a localização de parte das cadeias de abastecimento de bens intermediários, inclusive semicondutores de menor valor agregado, hoje concentradas na Ásia.

Essa é uma empreitada difícil, uma vez que a tentativa de desvincular as cadeias globais de valor e de fornecimento da China é paradoxal. De um lado, porque a relocalização das cadeias de produção se tornou se tornou necessária em tempos pandêmicos. Mas, de outro lado, porque essa desvinculação, do modo como for conduzida, poderá ser desastrosa em termos comerciais, econômicos e geopolíticos quando a pandemia passar.

Oito problemas

Entre os diferentes e complexos problemas causados e/ou evidenciados pela pandemia, e que merecem análise aprofundada, oito merecem ser aqui apontados:
- a inefetividade das democracias tradicionais em matéria de formulação, implementação e execução de políticas públicas, com o subsequente declínio da confiança da população nos governos, por um lado; e as tensões causadas pela crise de representatividade expressa por presidentes da República que dividem a

sociedade entre "o povo indefeso" e as "elites corruptas e corruptoras", acirrando com isso a polarização ideológica, a radicalização partidária e o nacionalismo populista, por outro lado;
- a inefetividade, em tempos de exceção, de direitos e instituições que foram concebidos para *tempos normais* e as dificuldades enfrentadas pelos tribunais para atuar nos conflitos jurídicos envolvendo as cadeias globais de valor e fornecimento;
- a tensão entre *liberdade extrema de mercado* (que é excludente, dissemina uma cultura individualista, aprofunda desigualdades, torna descartáveis os chamados "hipossuficientes" e, no limite, culmina num darwinismo social) e *democracia*, que é igualitária por natureza e implica um rol mínimo de direitos sociais;
- o impacto da pandemia em três itens que presidentes da República populistas tendem a desprezar: o saber especializado, lideranças e gestões compartilhadas na formulação e implementação de políticas de saúde em países com regime federativo;
- a tentativa de implementar as chamadas *democracias iliberais*, nas quais regras democráticas são utilizadas por políticos e grupos autoritários com o objetivo de reduzir as mediações institucionais, minar garantias fundamentais, corroer liberdades públicas e liquidar com os direitos das minorias, aproveitando a pandemia para conceder mais prerrogativas aos seus dirigentes, justificadas como medidas de emergência que, passada a crise, não serão suspensas;
- a constatação de que pequenas mudanças podem se converter em transformações massivas, com riscos encadeados, de tal modo que várias coisas ruins podem acontecer simultaneamente, o que leva ao desafio de pensar a pandemia em termos de "complexidade sistêmica";

- a constatação, feita pela revista *Nature Human Behavior*, de que os governos que adotaram políticas de distanciamento social generalizado e medidas keynesianas para atenuar os efeitos da queda do nível de atividade econômica obtiveram resultados melhores; e, também, de que os governos neoliberais que optaram por estratégias negacionistas ou foram hostis a medidas como *lockdown* não conseguiram frear a propagação da Covid-19.

Riscos e incertezas em tempos normais e tempos anormais

As discussões de cada um desses pontos envolvem as mais variadas questões. Uma delas é saber se a transterritorização dos mercados será resiliente ou se os Estados nacionais conseguirão retomar parte do seu poder regulatório perdido pelas já mencionadas transformações econômicas e político-institucionais na transição do século 20 para o século 21.

Em outras palavras, trata-se do embate entre globalização *versus* "renacionalização" já visto por ocasião da crise financeira de 2008, que levou à quebra de centenas de bancos, dentre eles o *Lehman Brothers*, que era, à época, o quinto maior banco de investimentos dos Estados Unidos Tanto naquele período quanto no atual, a crise financeira e a crise de saúde pública explicitaram o trilema enfrentado pela economia global que envolve transterritorialização: os mercados, a soberania nacional e a democracia representativa.

Como a história contemporânea tem revelado, quando a globalização econômica prevalece, o Estado-nação tende a se enfraquecer, ficando submetido a pressões antirregulatórias de organismos multilaterais e dos próprios mercados mundiais. Do mesmo modo, a democracia também enfrenta enormes dificuldades para concretizar a vontade política determinada por eleições livres, com base na regra de maioria. Já para aprofundar a democracia é preciso rejeitar a globalização e lutar pela autodeterminação nacional.[4]

A pandemia tornou esse trilema particularmente evidente. Em *tempos normais*, quando muitos acontecimentos são previsíveis e a análise de experiências passadas propicia estudos fundamentados para políticas de prevenção e precaução com relação a riscos, os diferentes sistemas que compõem a sociedade funcionam de maneira equilibrada, de tal modo que, quando um deles eventualmente atravessa período de tensões e baixo desempenho, os demais apresentam níveis satisfatórios de desempenho, permitindo assim que uma crise política, ou econômica, ou, então, social, sejam controláveis.

Já em *tempos anormais*, como os de pandemia, que são marcados por incertezas no plano mundial e, em alguns países, pela tendência de deslocamento dos centros de decisão para áreas ou espaços não controláveis democraticamente, multiplicam-se polêmicas entre ciência e política, entre negacionismo e ciência, entre lideranças consistentes e populismo. Em períodos como esses é que se descobre que conhecer não é apenas avaliar o passado, mas, também, olhar para o futuro e desenvolver análises com vistas à antecipação de identificação de problemas.

O conceito de risco se restringe a situações em que possíveis desfechos futuros são mensuráveis e, por consequência, previsíveis. Já a incerteza se refere a situações em que não se conhecem as probabilidades nem os desfechos futuros são mensuráveis. Por isso, ela envolve acontecimentos cujos efeitos não são conversíveis em riscos calculáveis.[5]

Assim, se com relação aos riscos de algum modo é possível preparar-se para as surpresas deles advindas, com

---

[4] Cf. Dani Rodrik. *The globalization paradox:* democracy and the future of the world economy, New York: W.W. Norton, 2011.

[5] Cf. Frank Night. *Risco, incerteza e lucro.* Rio de Janeiro: Expressão e Cultura, 1972 (a obra original é de 1921).

as incertezas isso é impossível. Que capacidade têm então os governos de gerir situações de incerteza e de preparar a sociedade paras as surpresas que a esperam? Como todas as incertezas, a pandemia trouxe vários problemas que nos surpreenderam e para os quais ainda não temos respostas plausíveis.

Poder político e conhecimento científico

Um desses problemas está na interface entre governo e ciência, entre poder político e conhecimento científico. Diante do incerto, do desconhecido, do não mensurável e do incontrolável, essa tensão entre o processo de tomada de decisões políticas e um saber científico disponível ainda insuficiente está levando as instituições governamentais a sofrerem mudanças estruturais.

Elas estão passando de um período em que estavam acostumadas a tomar decisões, a emitir ordens e a comandar com base em saberes e rotinas bem estabelecidas para um período em que agora devem se dedicar a aprender, ao mesmo tempo em que decidem, de forma experimental e reversível, uma vez que os sistemas e instrumentos de previsão, prevenção, antecipação e precaução têm se revelado limitados.

Em tempos de mercados conectados e inovações técnico-científicas emergentes cujas consequências ainda são imprevistas, ou não são de todo controláveis, as instituições governamentais têm enfrentado crescente dificuldade para identificar pequenas mudanças que ocorrem em um sistema social ou econômico e que vão, com o tempo, convertendo-se em grandes transformações, com efeitos cascata e riscos encadeados. Já estressadas pela queda abrupta do nível de atividade econômica e pelo aumento do desemprego e da pobreza, as instituições parecem ter cada vez menos respostas para problemas complexos.

Diante de tantas incertezas trazidas pela pandemia, como as experiências passadas não ajudam muito na orientação de decisões atuais, o desafio é investir em conhecimento futuro e inteligência compartilhada, afirmam filósofos e cientistas políticos. Contudo, esse caminho tem uma faceta paradoxal: se os problemas socioeconômicos vitais hoje exigem uma alta dose de conhecimento científico para serem enfrentados, uma virtude carente entre os políticos, a política só passa ser possível por meio de um recurso contínuo ao saber especializado.[6]

Há, também, quem afirme a relação entre política e ciência não deveria ser encarada nos termos de submissão de uma pela outra, mas, sim, como um processo argumentativo. Contudo, se os problemas políticos podem ser traduzidos na linguagem da ciência, não há uma tradução imediata dos juízos científicos em decisões políticas.

Os governos diante dos riscos e incertezas

Desse modo, se com relação aos riscos é possível preparar-se para as surpresas dele advindas e, com a incerteza, isso é impossível, qual é, então, a capacidade que têm os governos de gerir situações de incerteza e de preparar a sociedade para as surpresas que a esperam?

Com o foco no regime (por enquanto) democrático do país, a resposta a essa indagação envolve uma discussão tripla – ou seja, sobre o que se sabe, sobre o que não se sabe e sobre as novas formas de saber incompleto a partir das quais as decisões coletivas são tomadas.

O desafio inerente a essa indagação é duplo. Em primeiro lugar, é preciso saber como se pode reduzir a ignorância por meio de mecanismos de previsão de riscos. E, em segundo

---

[6] Para este e para o próximo item, ver Daniel Innerarity, *Pandemocracia*, op.cit. Do mesmo autor, ver também: *La sociedad del desconocimiento*. Barcelona, Galaxia Gutemberg, 2022.

lugar, o desafio é gerir as incertezas que nunca podem ser completamente eliminadas, transformando-as em riscos calculáveis e possibilidades de aprendizagem. Decorre daí a importância de ver a ciência como um saber "construído" ao longo de um processo social e não pelo puro exercício intelectual e lógico.

Como lembra Simon Schwartzman, as sociedades modernas são complexas e contraditórias e costumam ter muita redundância, superposição e oposições entre diversos setores, inclusive o cientifico, desempenhando atividades aparentemente similares ou concordantes. É justamente essa redundância que as permite falhar em alguns casos e acertar em outros, no campo da ciência, tentando diferentes vias ao mesmo tempo e ir resolvendo, na prática – e não *a priori* – os melhores caminhos a serem percorridos.[7]

Em *tempos anormais*, a ciência é obrigada a responder a demandas urgentes tanto de governantes quanto da própria sociedade, uma vez que o combate a um vírus até agora desconhecido exige resultados imediatos. Em *tempos normais*, porém, o trabalho científico é lento e trabalhoso, exigindo longa duração por estar sujeito a fracassos e submetido a diferentes tipos de avaliação. Também esbarra num problema: a experiência passada dá lugar a um conhecimento a partir do futuro, por meio de análises de riscos e estratégias de prevenção.

Já em *tempos anormais*, as pressões de governantes e da sociedade valorizam apenas a dimensão mais imediatamente útil. Entre outras consequências, esquecem-se de que não há ciência básica sem uma análise cuidadosa das externalidades negativas das descobertas científicas – análise essa na qual as ciências sociais e humanas exercem um papel importante, questionando, por exemplo, os resultados do avanço científico em termos econômicos, sociais, éticos e morais.

---

[7] Cf. Simon Schwartzman, *Ciência, Universidade e Ideologia*: a política do conhecimento. Rio de Janeiro: Zahar, 1981, p. 66.

As ciências exatas e as ciências sociais e humanas

A questão que aqui se coloca é que a ciência tem de ser pensada no plural e não no singular. Em outras palavras, as ciências exatas e as ciências sociais e humanas não são excludentes. Se as primeiras são basicamente experimentais, as segundas são orientadas por valores e avaliações de caráter ético, jurídico, sociológico e psicológico. E isso propicia uma interação salutar para que a atividade científica se desenvolva segundo mecanismos de controle e de avaliações da própria comunidade científica.

As ciências exatas e as ciências sociais e humanas interagem entre si – e é justamente da tensão entre elas que surgem, por exemplo, o dissenso entre os especialistas, os impasses na valoração científica dos riscos e a crítica ao potencial ameaçador de algumas inovações científicas. Além disso, é dessa tensão que também se pode identificar, observar e analisar a ampliação do conhecimento sobre a natureza, lembra Daniel Innerarity[8] – um autor sempre presente nos capítulos desta coletânea.

O arsenal de tecnologias para manipulá-la pode gerar problemas ambientais, sociais e políticos, bem como custos psicológicos, especialmente nas sociedades fragmentadas e competitivas. Como afirma Simon Schwartzman, as diversas formas de conhecimento não se desenvolvem no vácuo social, em decorrência da mera acumulação de informações, conceitos e teorias, o que dá a dimensão da importância de identificar como elas se relacionam entre si, quais práticas sociais permitem seu aparecimento e como são aplicadas, seja em termos *normais*, seja em tempos *anormais*.[9]

---

[8] Cf. Daniel Innerarity. El conocimiento tras la pandemia. *La Vanguardia*, edição de 13.03.2021. Do mesmo autor, ver, também, El conocimiento en la sociedad del conocimiento. *Claves de Razón Práctica*, Madrid, a. 67, nº 196, p. 40-77; El diálogo entre saber y poder. *Claves de Razón Práctica*, Madrid, nº 209, 2011, p. 12-19; e *La transformación de la política*. Bilbao: Península, 2002.

[9] Ver Simon Schwartzman, *Ciência, Universidade e Ideologia*: a política do conhecimento, op. cit., p. 8-23.

No caso específico das pesquisas sobre vacinas condicionadas pelo imediatismo de uma conjuntura adversa, dado o alcance e a gravidade da pandemia da Covid-19, os cientistas oriundos tanto das ciências exatas quanto das ciências sociais e humanas compreendem o alcance e os limites de medicamentos e de vacinas. Sabem, igualmente, que a responsabilidade pelas políticas anticrise é dos governantes, que são obrigados a assumir riscos e a responder pelas consequências.

Eles têm clara noção de que a ciência assessora, mas não substitui o político. Estão cientes das indagações cujas respostas são decisivas para avaliar a interação entre poder político e conhecimento cientifico, entre governo e ciência em tempos de pandemia. E estão conscientes de que as decisões em matéria de saúde pública em tempos pandêmicos implicam, além de fundamentação científica, maior circulação do conhecimento, pluralidade nos meios de comunicação e um debate aberto e transparente.

Nesse sentido, como preparar a sociedade para riscos e incertezas? De que modo trabalhar a um só tempo com o sabido e com o desconhecido? De que maneira lidar com as contingências e com as incertezas, que nunca podem ser totalmente eliminadas e convertidas em riscos calculáveis? Como definir necessidades e prioridades? Quais critérios técnicos e morais podem ser utilizados para definir os grupos de risco? Quais são as limitações da liberdade justificáveis em tempos pandêmicos? Em suma: em períodos como esse, o que de fato, deve prevalecer? E, diante do dramático número de vítimas fatais, será possível ressignificar a ideia de *normalidade*?

Os cientistas e os políticos

Afirmei no item anterior, com base em Innerarity, que a ciência e a política têm racionalidades sistêmicas distintas. A ciência é regida pelo código da verdade. Ainda que implique objetividade e universalidade, ela assessora a política, não tendo o poder para determinar os objetivos da sociedade. Já a política é regida pelo código do poder e seus critérios de compromisso, viabilidade ou de oportunidade são estranhos para a atividade científica.

Também como já foi entreaberto, o dilema da democracia contemporânea está no fato de que ela é obrigada a tomar decisões levando em conta o saber científico disponível, ao mesmo tempo em que essas decisões têm de estar legitimadas democraticamente. Mas, apesar de todas as esperanças de que a assessoria cientifica alivie o peso da responsabilidade das decisões políticas, a ciência é ciência e a política continua sendo política. Por isso, mesmo que tenha ganho protagonismo no debate público após a eclosão da pandemia e mesmo que suas opções partidárias afetem sua imagem e a percepção sobre sua competência,[10] o cientista não substitui o político.

Com base nesses argumentos, é possível aprofundar um pouco mais a discussão, agora tomando por base o que disse Max Weber – para quem o processo de formulação de políticas públicas pode ser comparado a uma perfuração de "grossas vigas de madeira" – em duas conferências históricas sobre a política e a ciência como vocação. Na vida política, o interesse está voltado às condições necessárias ao funcionamento de um aparato estatal dirigido por quem *vive da política* ou, então, por quem *vive para a política*.[11] Já a ciência se destaca por ser uma prática que contribui para o desenvolvimento de tecnologias, para a construção de instrumentos e adestramento do pensar e para o que Weber chamava de "ganho de clareza".

---

[10] Ver, nesse sentido, Tali Sharot e Cass R. Sunstein. Would you go to a Republican Doctor? *The New York Times*, New York, 24.05.2018.

[11] Em termos esquemáticos, o homem político tem como atributos a paixão, o sentimento de responsabilidade e o senso de proporção. O político que vive da política a converte em fim de sua vida – é o político profissional. O político que vive para a política não depende de remuneração pelas suas atividades políticas, nelas se envolvendo por causas que dão significado à sua vida. Cf. Max Weber. *Ciência e política*: duas vocações. São Paulo, Cultrix, 1970.

Políticos, sejam os que vivem dela ou para ela, não são técnicos, mas aparam divergências e negociam com base numa *ética weberiana de responsabilidade,* de racionalidade formal, em que não predominam não somente suas intenções, mas, igualmente, sua capacidade de compreender o mundo em sua complexidade e de responder pelas consequências de seus atos e decisões. Já os cientistas, que não são respaldados pelo eleitorado, enfatizam o que consideram mais racional e mais tecnicamente fundamentado, baseando-se numa *ética weberiana de convicção,* de racionalidade material, fundada num conjunto de normas e valores que orientam seu comportamento como pesquisadores.[12]

Nessa linha de raciocínio, não há uma noção pré-definida e incontestável do que é um resultado satisfatório em política. Na democracia, as decisões podem levar a avanços ou, então, a retrocessos. Também podem ser bem ou mal recebidas pela sociedade. Em princípio, a democracia é um sistema político que parte da ignorância sobre o que pode ser uma boa decisão. O sentido das instituições de mediação na democracia consiste em estabelecer alguma distância entre vontade imediata e as decisões políticas, o que permite um livre intercâmbio entre opiniões.

Uma democracia requer esta capacidade de livre intercâmbio de pontos de vista quando se trata de satisfazer interesses diversos e antagônicos, como os que surgiram com a eclosão da pandemia (negacionistas *vs.* não-negacionistas da ciência, por exemplo). Em princípio, igualmente, um regime democrático é aquele que garante determinados *inputs*, especialmente o que assegura a igual liberdade de todos

---

[12] "Toda a atividade orientada segundo a ética pode ser subordinada a duas máximas inteiramente diversas [...], a ética de convicção e a ética da responsabilidade. Isso não quer dizer que a ética da convicção equivalha a ausência de responsabilidade e a ética da responsabilidade, a ausência de convicção [...]. A ética de convicção e a ética da responsabilidade não se contrapõem, mas se completam e, em conjunto, formam o homem autêntico, isto é, um homem que pode aspirar à vocação política". Cf. Max Weber. *Ciência e Política*: duas vocações, op. cit., p. 113-122.

cidadãos para tomar parte no processo de formação de uma vontade política e nos processos de decisão. Todavia, como essa democracia pode ser eficiente em *tempos anormais*, em tempos de pandemia, em que a decisão dos governantes acaba sendo afetada pela ciência?

Governar é, assim, uma tarefa que implica a necessidade de informações, que são essenciais para a tomada das decisões mais adequadas para uma planificação estratégica. Não é de hoje que a política só pode ser praticável com base num acesso contínuo ao saber especializado. Os governos devem ter uma concepção pública de interesse geral, do mesmo modo como têm de estar legitimados para promovê-la. A legitimidade dessa promoção depende da justiça dos objetivos e, também, de que essa decisão sobre o tipo de sociedade a que aspiramos resulte numa decisão com impacto na coletividade.

Os problemas científicos devem ser traduzidos em linguagem da ciência, mas as respostas dos cientistas somente são aplicáveis à política no formato de decisões políticas. Nem o cientista sabe tanto, nem o político tem tanto poder. O compromisso dos políticos é com o resultado de suas ações, enquanto o compromisso dos cientistas é com a validade de seus conhecimentos.

O político precisa tomar decisões mesmo com informações limitadas, dentre elas as produzidas pela ciência. O político também precisa de algum liame entre suas convicções e os resultados de seus programas. Já o cientista busca conhecer a realidade. Tem de combinar suas convicções pessoais com os resultados, com o respeito às evidências e com as opiniões da comunidade científica. E ainda precisa ter algumas habilidades específicas, como leitura, capacidade de abstração, raciocínio crítico e a virtude para colocar e equacionar problemas. São atributos que não lhes conferem direitos superiores aos demais cidadãos, mas que dão a dimensão de suas responsabilidades, seja em *tempos normais*, seja em períodos de pandemia.

No cotidiano da vida política e administrativa democrática de um país, existem muitas possibilidades de combinações. Já se tornou um truísmo a afirmação de que, nas sociedades abertas e nos regimes democráticos, a virtude está nas combinações quando a relação é apenas entre adversários, e não entre amigos *vs.* inimigos, o que permite negociação e equilíbrio. Por isso, se não há uma política sem interesses, onde tudo pode ser resolvido com objetividade, evidência científica e consenso de especialistas, é preciso afastar os riscos de maniqueísmos. E, dentre eles, os mais preocupantes são o entendimento pobre e distorcido da realidade; o repertório limitado de interpretações da sociedade e da política; e, por fim, a visão da política como vale-tudo, no qual não há valores, mas apenas e tão somente interesses.

A radicalização, a incapacidade de ceder e a desqualificação moral dos outros leva a uma paralisia do sistema político. No limite, conduz à relação amigo *versus* inimigo, na qual quem não é amigo tem de ser destruído. E é justamente isso o que se está vendo no país, por exemplo, com os crescentes cortes orçamentários, que asfixiam os órgãos de pesquisa científico-tecnológica. Com o desmanche das redes públicas federais de ensino e a expansão dos colégios militares. Com a subsequente negação aos estudantes mais pobres ao seu direito de aprendizagem. Com a afronta ao princípio da autonomia das universidades federais. E, ainda, com o flagrante desprezo pela área de cultura.

Cientistas, pesquisadores, professores, alunos, artistas e intelectuais são apontados como inimigos de governos autocratas, populistas e negacionistas, avessos à informação, à reflexão e ao debate. Se na disputa entre adversários não há a crença de que só eu e meus aliados sabemos o que é certo e o que é errado, o que é bom e o que é mal, de que sabemos as verdades que devem ser impostas a todos, na visão pobre e distorcida que governos populistas – como o bolsonarista – tem da realidade não há espaço para quem o regime considera inimigo de seu arremedo de projeto político.

Maturidade cívica e ignorância

Como é sabido, não há um mundo da ciência fechado em si mesmo e completamente separado do mundo do sentido comum, o que não significa dizer que tudo é a mesma coisa. Por isso, nestes tempos de pandemia, ciência e política não têm de ser pensados em termos de submissão de uma à outra, mas encarados, isto sim, em termos de argumentação. Dito de outro modo, problemas políticos têm de ser traduzidos na linguagem da ciência e vice-versa. Somente assim é possível tentar evitar as narrativas inverossímeis.

Nesse sentido, políticos, juristas, cientistas, pesquisadores têm de estar conscientes de quatro pontos. Em primeiro lugar, é preciso ficar claro que os regimes políticos não se formam pelo simples alinhamento de ideias abstratas nem pela simples vitória de um grupo de poder sobre outros, mas, isto sim, por um processo de criação de instituições a partir de contextos históricos específicos.

Em segundo lugar, faz parte da maturidade cívica o desejo de proteger a liberdade própria e, ao mesmo tempo, perguntar se essa proteção não está diminuindo as possibilidades de outras liberdades, como condição para desfrutar de uma liberdade própria. Em terceiro lugar, quanto mais avançamos no conhecimento, mais estamos à frente do abismo do desconhecimento.

Por último, quanto mais medidas emergenciais forem tomadas durante a pandemia, maior será o risco de um estado de exceção e de desinstitucionalização social, por meio da regressão de direitos e das liberdades fundamentais. Como já disse antes, o risco é de que o excepcional se perenize.[13] Ou seja, que medidas tomadas em caráter emergencial e poderes extraordinários concedidos em caráter provisório não sejam

---

[13] Cf. António Casimiro Ferreira. *Sociologia das Constituições:* desafio crítico ao constitucionalismo de exceção, op. cit., p. 77 e seguintes.

suspensos voluntariamente quando a pandemia passar. O que, por consequência, abre caminho para que o "estado de exceção", necessário ao enfrentamento da crise da saúde pública, acabe sendo convertido em estado "normal" do sistema político, fazendo com que o tempo longo da segurança do direito seja substituído pela insegurança jurídica decorrente da banalização do presente nos tempos anormais.

Com as novas tecnologias de produção e de comunicação, atualmente há muito mais sentidos e direções do que nos séculos 19 e 20. Como lembra Innerarity, o conhecimento acumulado nesses 200 anos parece não ter dado conta dos problemas trazidos pela distinção entre epidemia e pandemia e, igualmente, de problemas como o da conversão de vacinas em bem comum da humanidade.

Na determinação do futuro, diz, reside a grandeza da nossa frágil condição frente à pandemia. Daí a importância de se manter a liberdade e a democracia. Não há o menor sentido em renunciar à liberdade caso essa seja a condição de um futuro "seguro", conclui.

Já que temos de aprender, que façamos essa aprendizagem com base nas premissas das liberdades fundamentais e da ideia de democracia, sempre levando em conta o pessimismo da razão de que falava Norberto Bobbio em *tempos anormais*. "O pessimismo é um dever civil porque só um pessimismo radical da razão pode despertar com uma sacudidela aqueles que, de um lado ou de outro, mostrem que ainda não se deram conta de que o sono da razão gera monstros".[14]

---

[14] Cf. Norberto Bobbio, O dever de sermos pessimistas, In: *As ideologias e o poder em crise*. Brasília: Universidade de Brasília (UnB), 1988, p. 181.

1. PANDEMIA E ESTADO DE SÍTIO

"Apesar de ser loucura, revela método [...]. É uma felicidade da loucura, algumas vezes, felicidade que a razão e o bom senso não alcançam com a mesma facilidade" – diz Polônio na cena II do ato II de *Hamlet*, desconfiando que a insanidade deste era mero fingimento, com o objetivo de se passar por louco para atingir o que almejava. Essa passagem da peça de Shakespeare foi relembrada no início do segundo semestre de 2019, quando, em discurso pronunciado em Itapira, o presidente da República disse que respeitava a democracia, mas só obedecia ao povo. Ficou claro, naquele momento, que mais dia menos dia convocaria o povo a ir às ruas para confrontar duas instituições essenciais à democracia, o Legislativo e o Judiciário, sob a justificativa de que elas não o estavam deixando governar.

Há método na loucura, dizia Shakespeare, pela voz de Polônio. Menos de um mês depois de ter estimulado motim da Polícia Militar do Ceará e criado novos embates contra governadores que julga serem adversários nas próximas eleições presidenciais, o capitão reformado à frente do Palácio do Planalto voltou a agir com o mesmo viés disruptivo. Por duas vezes, em intervalo de dias, afirmou que a pandemia do coronavírus "não era isso tudo" e decretou o estado de calamidade pública. Como se não bastasse, após ter chamado a pandemia de "gripezinha", dramatizou suas consequências. Conhecido adepto da espetacularização da política, mencionou a possibilidade de desempregados famintos saquearem o Ceagesp. Como isso jamais foi mencionado antes na mídia, ao que se sabe, a declaração presidencial preocupa. Entre outras ilações, ela permite afirmar que, ao acenar com esse saque, ele estaria sutilmente estimulando membros de sua falange a tomar essa iniciativa.

Cada vez mais isolado politicamente e consciente de que quanto maiores forem os efeitos trágicos da pandemia maior será seu desgaste, o presidente sabe que, passada a tempestade, estará completamente desmoralizado, sem condições de governar e vulnerabilíssimo a um processo de *impeachment*. Resta-lhe, portanto, uma última cartada. Foi por isso que, aqui e ali, ele deu a entender que se algo como uma invasão do Ceagesp viesse a ocorrer, haveria uma grave desordem social e uma ameaça à segurança nacional.

Poucos dias depois, recolocando na ordem do dia a frase de Polônio, de que há método na loucura, o chefe do Executivo afirmou que "ainda não está no radar do governo a decretação do estado de sítio". Contudo, em alguns sites e blogs apareceu a informação de que, diante dos problemas trazidos pela pandemia para todos os brasileiros, o presidente teria encomendado à sua assessoria jurídica um parecer sobre a possibilidade de pedir estado de sítio. Se a informação for verdadeira, o que está, de fato, por trás delas?

Ao menos em tese, estado de sítio e democracia – um regime que não se limita ao processo eleitoral e não é apenas a letra da lei, mas o espírito de legalidade acima de tudo – não se opõem. Na democracia, que demarca politicamente os direitos e os deveres por meio da Constituição promulgada, ele é um mecanismo jurídico que permite em situações emergenciais a limitação temporária do Legislativo e do Judiciário, para agilizar as ações de urgência por parte do Executivo. Pelos artigos 137 e 138 da Constituição Federal promulgada após a redemocratização do país, o presidente da República pode solicitar ao Congresso que o autorize, por maioria absoluta, decretar o estado de sítio nos casos de "(I) comoção grave de repercussão nacional ou ocorrência de fatos que comprovem a ineficácia de medida tomada durante o estado de defesa; (II) declaração de estado de guerra ou resposta a agressão armada estrangeira". No caso de comoção grave, o estado de sítio não poderá ser decretado por mais de 30 dias, nem ser prorrogado por igual período. No segundo caso, o estado de sítio poderá ser decretado "por todo o tempo que perdurar a guerra ou a agressão armada estrangeira". A Constituição também autoriza a Mesa do Congresso a nomear uma comissão composta por cinco membros para fiscalizar as ações tomadas pelo chefe do Estado no período.

No século 20, quando a política se confundia com uma competição entre partidos, o estado de sítio dava ao presidente da República enormes poderes. Negava, contudo, poderes absolutos. O problema é que, à medida que a sociedade foi se tornando mais plural e complexa no século 21, sobrecarregando o sistema político com a diversidade dos sujeitos políticos e novas técnicas de comunicação, hoje já não basta afirmar que a legitimidade da democracia se fundamenta apenas no cumprimento dos formalismos do processo eleitoral.

Também é preciso indagar se é efetivamente democrático um sistema político que catalisa as aspirações sociais, mas deixa as coisas como estão, sem produzir mudanças socioeconômicas substantivas. Nesse sentido, o que pode ocorrer quando, depois de eleitos por expressa maioria, os governantes adotem programas e discursos contrários ao que prometeram em campanha, gerando impasses parlamentares e levando à judicialização da vida política e administrativa?

No atual cenário brasileiro, o que se vê é uma mistura de falsas esperanças, adiamento de soluções, muita demagogia, radicalizações ideológicas, desqualificações recíprocas e uma atuação política cada vez mais condicionada pelos interesses de curto prazo, rompendo com isso a noção de planejamento e estratégia do poder público e levando à descrença na capacidade transformadora da democracia. É nesse contexto em que um capitão ignaro, tosco e populista conseguiu se sobressair prometendo, em vez de políticas que alterem as estruturas da sociedade, "salvá-la" de inimigos imaginários. Em que um mau militar, como reconheceram seus antigos superiores – militar esse que cresceu na vida pública fazendo do cinismo e da mentira seus principais instrumentos de ação – ascendeu politicamente, apesar de ter uma visão de mundo da altura do rodapé.

É por isso que, nesse cenário, tem de ser visto com enorme preocupação um eventual pedido de estado de sítio para conter a desordem que a pandemia poderá trazer. Entre outros motivos, porque esse pedido pode ser uma tentativa de usar mecanismos jurídicos da democracia para corroê-la; de se valer do princípio da "comoção grave de repercussão nacional" e da "declaração de estado de guerra" a um vírus estrangeiro como pretexto para cercear liberdades públicas e restringir os direitos de manifestação e protesto. Se o Congresso negar o pedido de estado de sítio, em que medida o chefe do Executivo não estimulará novamente a ida do povo às ruas para culpar os políticos pela tragédia? E, se eventualmente o Congresso ceder e o caso for parar no Supremo Tribunal Federal, não poderão ocorrer as mesmas pressões caso a corte derrube a autorização legislativa para a decretação do estado de sítio?

Evitar aglomerações e isolamento são as regras sanitárias, mas o presidente já deu mostras de não as levar a sério. Assim, como nem o Legislativo nem o Judiciário sentir-se-ão confortáveis em ampliar os poderes de um presidente medíocre, irresponsável e inconsequente, esse confronto entre os poderes não pode ser descartado. Fosse outro o chefe do governo, o pedido de estado de sítio até poderia passar. Com Bolsonaro, isso dificilmente acontecerá – e essa sua última cartada tem tudo para dar errado para seu futuro político, mas sob o risco de um altíssimo custo institucional nas próximas semanas.

Desde sua posse, o inquilino do Alvorada converteu a portaria do palácio em palanque para estimular a polarização e agredir imprensa e jornalistas que se recusam a transmitir o que lhe é conveniente, evidenciando, com berros e vulgaridade, o desprezo pela Constituição que prometeu respeitar em sua posse. Fez do aparato de comunicação do governo e das redes sociais veículos do menosprezo pelos avanços civilizatórios e do apreço por concepções regressivas de ordem pública. Disseminou um mal-estar difuso contra o sistema político, gerando uma preocupante desconfiança com o futuro das garantias fundamentais.

Neste momento em que a pandemia do coronavírus está levando milhares de pessoas a morrer sufocadas, com falta de ar, é preciso gerar esperança e neutralizar o medo, a partir das questões que são essenciais. Como reconstruir a confiança na democracia? Como evitar que, à imagem do que o vírus acarreta, ela sufoque nossas liberdades e nosso direito de afirmar que esse é um governo moralmente torpe, em que a aparente loucura do capitão reformado é o método de que se valeu para erodir as instituições?

2. LIBERTARISMO E LIBERALISMO EM TERMOS DE PANDEMIA

Ao obrigar os governos a gastar trilhões de dólares, convertendo instalações públicas em hospitais, obrigando fábricas a produzir equipamentos hospitalares e material médico e exigindo que os gastos públicos sejam direcionados para as famílias mais pobres, a pandemia do novo coronavírus (ou Covid-19) corroeu as condições para a continuidade das experiências de uma agenda econômica liberal.

É o caso do Brasil, onde o ministro da Economia, Paulo Guedes, chegou a afirmar que a privatização de empresas públicas era modo prioritário de obter recursos para tempos de guerra sanitária. Em vez de uma política fiscal anticíclica para enfrentar a queda na demanda privada, ele e sua equipe mais de uma vez refirmaram a necessidade de uma nova onda de reformas liberalizantes para enfrentar os efeitos corrosivos da pandemia do coronavírus.

Guedes também voltou a editar MPs com enviesamento patronal, como a que autorizava a suspensão de contratos de trabalho, sem prever providências compensatórias para os trabalhadores. Agiu como no caso da PEC da reforma previdenciária e das MPs da Liberdade Econômica e do Emprego Verde e Amarelo, quando limitou a discricionariedade dos fiscais do trabalho, reduziu pensões e subsídios sob a justificativa de baratear o custo da mão de obra, dificultou o acesso aos tribunais de segurados e pensionistas do INSS e tentou tributar quem recebe seguro-desemprego para compensar o que deixaria de entrar no caixa do Tesouro por causa dos benefícios fiscais dados às empresas que contratassem jovens de 18 a 29 anos. Na reforma administrativa, que é apenas uma tentativa de reduzir salários e revogar direitos do funcionalismo público, classificou como negativa a intervenção regulatória do Estado no domínio econômico. E apontou como virtuoso o jogo de mercado – protagonizado pelo "espírito animal" dos agentes econômicos – livre de quaisquer responsabilidades legais e sociais.

Antes da pandemia, a justificativa era que essas medidas tinham por objetivo afastar os obstáculos institucionais, legais e administrativos que estariam impedindo a retomada do crescimento, com base numa concepção de autossuficiência social (isto é, mercadológica) que seria capaz de prover serviços, gerar oportunidades e distribuir recursos. Desde que concentrou poderes como poucas vezes se viu na história do país, o ministro da Economia se apresentou como sendo declaradamente liberal. Nas últimas cinco ou seis décadas, talvez somente Roberto Campos tenha feito o mesmo. Mas, enquanto este jamais se furtou a esclarecer o que entendia por liberalismo,[15] Guedes nunca explicou com seriedade e responsabilidade mínimas o sentido que dá a esse conceito. No máximo, afirmou, aqui e ali, que o Estado atrapalha, que sua máquina administrativa é parasita e que o formalismo jurídico despreza a eficácia alocativa dos fatores de produção. Encarando a ordem legal apenas do ponto de vista de sua adequação à consecução de metas estabelecidas a partir de uma lógica econométrica, e não como resultante de decisões impostas por uma vontade política, disse também que princípios jurídicos consagrados pela Constituição ameaçam a estabilidade macroeconômica.

Acima de tudo, o ministro e sua equipe mostraram não entender o que é o liberalismo como uma doutrina que, nos séculos 19 e 20, consagrou a liberdade de iniciativa e de mercado. E, ao mesmo tempo, enfatizou a importância da regulação estatal em matéria de institucionalização do direito

---

[15] Ver, por exemplo, o livro por ele escrito em colaboração com Mário Henrique Simonsen, *A nova economia brasileira*. São Paulo: José Olympio, 1979.

de propriedade, publicidade dos atos negociais, registro comercial, punição de falência fraudenta, combate a práticas monopolistas e criação de mecanismos judiciais para assegurar a inalterabilidade e o cumprimento de obrigações contratuais. Pelo que produziram, em matéria de PECs e MPs, o ministro e sua equipe parecem não ter compreendido a importância que o liberalismo dá a alguns dos mais importantes primados do Estado de Direito, como a igualdade de todos perante a lei, o acesso aos tribunais, o direito ao devido processo legal, o instituto jurídico da defesa da concorrência e o direito do consumidor.

Em sua primeira fase – a que abrange o contratualismo de Thomas Hobbes e John Locke, o liberalismo utilitário de John Stuart Mill e Jeremy Bentham e a teoria dos sentimentos morais de Adam Smith – o liberalismo aponta as condições necessárias ao funcionamento do mercado, à acumulação e ao estímulo às vocações empreendedoras. Ele é avesso ao dirigismo estatal, mas destaca as liberdades públicas como marcos normativos desse jogo e da atuação do Estado sobre os cidadãos, seguindo regras democraticamente definidas por eles. Também enfatiza o princípio da responsabilidade social de quem empreende e obtém lucros, enfrentando os riscos de mercado. E, por mais que seja pró-mercado no âmbito da economia, entende que, onde o Estado é reduzido ao mínimo, o contrato social tende a se corroer, levando ao risco de o estado civil retroceder ao estado da natureza.

Com o passar do tempo, o liberalismo passa a afirmar que, embora não caiba ao Estado indicar o que é felicidade aos cidadãos, ele tem de atuar para que o jogo político seja menos desequilibrado, pois, onde há desigualdade, nem todos podem decidir em iguais condições. Dito de outro modo, para ser livre, o indivíduo necessita de condições materiais básicas. Sem elas, o alcance de seu campo de escolha é limitado. Isso exige repensar os direitos, vinculando-os a mecanismos compensatórios, capazes de atenuar os desequilíbrios produzidos pelo livre jogo dos mercados.¹⁶ Nesse sentido, política e economia são verso e reverso de uma mesma moeda. Por mais que seja *market friendly*, enfatizando as funções estruturantes do direito de propriedade e o cumprimento das obrigações contratuais, o liberalismo não descarta a responsabilidade social de quem empreende e, enfrentando os riscos de mercado, lucra.

Poucos são os vestígios da influência do liberalismo histórico no que ministro da Economia e sua equipe chamam de *agenda liberal*. Menores, ainda, são os vestígios do que tem sido o liberalismo após a década de 1970. Esse foi o período em que John Rawls, professor de filosofia política da Harvard University, publicou *Uma Teoria da Justiça*. À época, os Estados Unidos e a Europa Ocidental estavam presos a uma tensão entre crise de governabilidade e crise de legitimidade, e a teoria e a prática políticas se revelavam incapazes de conciliar as ideias de liberdade e de igualdade. Até então, a história mostrara que as experiências que priorizaram a liberdade tinham relegado para segundo plano a justiça social, enquanto as experiências que deram primazia ao igualitarismo culminaram com a corrosão das liberdades públicas. Para Rawls, essa incapacidade de conciliação era um falso dilema.

A determinação dos termos equitativos de cooperação em sociedade envolve o contrato social como ideia reguladora da vida política – mais precisamente, da ordem legal necessária para a efetivação dos direitos, não apenas civis mas, também, sociais, como os trabalhistas, os previdenciários e os assistenciais. E, para que esse labor cooperativo seja legítimo e se dê em conformidade com as regras democráticas, é necessário projetar a posição original dos cidadãos livres e iguais no momento do contrato social. Daí a necessidade de

---

¹⁶ Ver KUNTZ, Rolf. Estado, mercado e direitos. *In*: FARIA, José Eduardo e KUNTZ, Rolf. *Qual o futuro dos Direitos?*: Estado, mercado e justiça na reestruturação capitalista. São Paulo: Max Limonad, 2002; e VITA, Álvaro de. *A justiça igualitária e seus críticos*. São Paulo: Martins Fontes, 2007.

um nível mínimo de educação, renda e condições de saúde para que todos os cidadãos possam exercer plenamente sua liberdade na prática da cooperação. E isso depende não apenas de liberdades formais previstas pela Constituição, afirma Rawls, mas, igualmente, de funções governamentais alocativas, de estabilização, de transferência e de distribuição. Funções essas implementadas por políticas públicas que defendam o emprego por meio do estímulo da demanda, impeçam a manipulação de preços pela concentração de poder econômico e assegurem um mínimo social que complemente a renda dos mais pobres.

"As expectativas mais altas daqueles mais bem situados são justas se, e apenas se, funcionarem como parte de um esquema que melhore as expectativas dos membros menos favorecidos da sociedade", diz Rawls no capítulo relativo aos fundamentos institucionais da justiça distributiva. Em suma, ele não confunde liberalismo com um contexto em que as forças de mercado possam agir de modo indiscriminado. A seu ver, a ideia de liberdade é indissociável da ideia de uma igualdade obtida pela distribuição equitativa da educação, pela garantia de uma segurança mínima em face de doenças e desemprego, pelo uso de instrumentos como o imposto de renda negativo, pelo combate aos monopólios e pela multiplicação de oportunidades de emprego.

Na réplica a Rawls, partindo da premissa de que por princípio os mercados são eficientes e o Estado regulador viola a liberdade, os defensores de um liberalismo mais radical – como Friedrich Hayek, Milton Friedmann e Robert Nozick – rejeitaram as funções corretivas e distributivas do poder público e criticaram a ideia de justiça definida por critérios de equidade. Em nome do que hoje se designa libertarismo, alegaram que uma distribuição é justa quando atende a determinados princípios de aquisição e de transferência da propriedade. O que importa é como ela foi constituída, e não suas implicações com um princípio de equilíbrio na distribuição de bens e oportunidades, o que torna a questão dos direitos centrada no indivíduo. Para Nozick, particularmente, o libertarismo se assenta no respeito pela liberdade individual, constituindo um imperativo moral, e não um simples instrumento de promoção da eficiência econômica. A seu ver, interferências governamentais no mercado não são censuráveis pelos efeitos negativos que podem acarretar na economia, mas sim porque constituem erros morais.[17]

Quase todos os argumentos apresentados no embate entre liberais e libertários não parecem estar presentes nas justificativas das PECs e MPs formuladas pela equipe econômica atual. O que ela entende como mercado parece ser uma economia liberta de quaisquer constrangimentos pelo poder público. No limite, é como se a simples existência do Estado fosse um mal em si e tudo que viesse dele fosse ilegítimo. O ministro e sua equipe consideram natural a transformação de obrigações públicas em negócios privados e a redução do tamanho do Estado, com a desconstitucionalização de direitos. Parecem confundir economia de mercado com sociedade de mercado, onde tudo – inclusive alternativas políticas – pode ser vendido ou comprado.

Neste tipo de raciocínio, quando surgem problemas ambientais, por exemplo, entendem que basta criar um mercado de direitos de poluição. Se há dificuldades para financiar a Previdência, basta montar um sistema de estímulo para subscrição de seguros privados e de contribuições definidas. São respostas singelas frente a um sistema previdenciário organizado sobre o emprego tradicional e folha salarial, num período de expansão do emprego por conta própria, de contratações por tarefas e trabalho temporário.

Na realidade, o que a equipe do Ministério da Economia parece entender por liberalismo é o que tem sido chamado

---

[17] NOZICK, Robert. *Anarquia, Estado e utopia*. São Paulo: Martins Fontes, 2011.

de libertarismo, na linguagem de salões acadêmicos, ou de economia de cassino, na linguagem dos *saloons* travestidos de mercado financeiro. Seus agentes buscam, egoisticamente, vantagens de curto prazo, ao mesmo tempo em que desprezam suas responsabilidades para com os outros e para com a própria comunidade. É como se o mercado fosse dotado de um poder constituinte absoluto, rejeitando qualquer possibilidade de regulação estranha à economia e aos seus cálculos de oportunidade. É a redução do jogo de mercado a um jogo de azar onde, frente ao risco e à indeterminação dos lances futuros, só interessa aos agentes o ganho imediato na presente jogada.

A obsessão por reduzir ao mínimo a intervenção regulatória estatal, por um lado, e por privatizar indiscriminadamente serviços públicos, por outro, revela uma visão distorcida das instituições. Parece não perceber que políticas públicas são implementadas por meios públicos – e estes envolvem não são apenas recursos governamentais, mas, igualmente, as leis e os instrumentos de sua aplicação. Essa visão distorcida dá ênfase excessiva à ideia de função, em termos de produção de resultados e rentabilidade financeira. Esquece, porém, de dois pontos importantes: (a) em termos institucionais, função implica noção de responsabilidade; e (b) se determinadas funções podem ser terceirizadas ou privatizadas, determinadas responsabilidades não podem. Nessa visão distorcida não há lugar, assim, para ideias como planejamento, metas de médio e longo prazo, políticas compensatórias e tratamento isonômico que deve reger as relações entre capital e trabalho.

Sem compreender que o contrato social e o pacto moral nele implícito são corroídos quando determinados serviços essenciais são reduzidos ao conceito geral de mercadoria, aceitando e defendendo sua transferência da esfera pública para a do mercado, o que a equipe econômica tem em mente é a ideia de um mercado cada vez mais autorregulado. É o ideal da interação entre agentes econômicos que não precisem responder perante a comunidade, conjugado com a defesa de um Estado minimalista e de formas privadas de Justiça, como a arbitragem.

Ao hiper-responsabilizar os indivíduos por seu futuro, esse tipo de libertarismo esvazia as ideias de cidadania e de contrato social. Torna as pessoas empreendedoras de si mesmas – o que tem sido evidenciado pelo forte aumento do número de trabalhadores informais e por conta própria. Com isso, desfigura o *homus juridicus*, convertendo-o num homem simultaneamente responsável e culpado por seu destino individual. Nesta abordagem, a crise econômica brasileira seria apenas uma questão moral, decorrente da corrupção e/ou de gastos sucessivos dos governos.

Ao insistir na tese de que o mercado não pode ser regulado por qualquer estrutura normativa transcendente às próprias transações, ao se opor a políticas anticíclicas e ao defender uma liberdade radical no universo dos negócios, a equipe do Ministério da Economia pode ser tudo; menos liberal, no sentido doutrinário e histórico do termo. É, certamente, libertária – no sentido mais vulgar da expressão, próximo à ideia de darwinismo social. E é por isso que demonstrou ter enorme dificuldade de entender que, num contexto de pandemia no âmbito de um país que já vinha numa arrastada recuperação econômica, após anos de estagnação e forte desemprego, o Estado deve agir com visão estratégica, foco, determinação e urgência. Dificuldade essa que o levou a tomar medidas pouco articuladas, tímidas e pontuais, limitando-se, por exemplo, a antecipar no primeiro semestre gastos que seriam realizados ao longo de todo o ano e 2020. E demonstrando, acima de tudo, não saber como, no médio prazo, formular políticas de sustentação ao crescimento econômico.

3. A SAÚDE PÚBLICA ENTRE O ESTADO E O MERCADO

O socialismo morreu e a social democracia vai no mesmo caminho – lia-se nos jornais, revistas e livros no final da década de 1980. Foram anos marcados pela tensão gerada por uma crise de governabilidade e uma crise de legitimidade na Europa Ocidental e nos Estados Unidos, pela queda do Muro de Berlim, do desmanche do império soviético e pelo ingresso de países do Leste Europeu na economia de mercado. Foram anos em que os efeitos da crise do petróleo da década anterior corroeram as virtualidades das políticas keynesianas do pós-guerra.

Quem guardou recortes de jornais, revistas e livros publicados naquela época tem, em seus arquivos, dezenas de ensaios, artigos e editoriais a respeito dos funerais do Estado planejador e indutor. Textos em que o Estado era descartado como agente normativo, regulador e fiscalizador das atividades econômicas. Narrativas que, invocando as virtudes do liberalismo e glorificando o jogo de mercado, justificavam a redução da atuação do Estado a funções meramente subsidiárias e excepcionais.

Entre outros argumentos, essas narrativas enfatizavam que as pessoas deveriam ver num mercado livre e desregulamentado a melhor forma de suprir suas necessidades e de buscar oportunidades. Apontavam, também, que os critérios de sucesso eram determinados pela riqueza que cada um consegue acumular durante a vida, e não por princípios de honradez, dignidade e solidariedade. Entreabriam, com esses argumentos, uma racionalidade instrumental que levaria à consagração dos mais espertos, inteligentes, ágeis, eficientes e preparados.

Esse tipo de visão de mundo, segundo a qual os homens são iguais no mercado, mas apenas como proprietários de bens ou de sua força de trabalho, no limite culmina numa espécie de darwinismo social. Ele está impregnado nas sucessivas MPs baixadas pelo atual governo desde janeiro de 2019, por orientação de uma equipe econômica que se diz liberal, mas que descarta o lado político do conceito de liberalismo, privilegiando apenas seus aspectos econômicos. O lado político esquecido engloba liberdades públicas e direito de propriedade, garantias fundamentais e respeito aos contratos, ao devido processo legal e a uma trama de conceitos e técnicas para a segurança das práticas comerciais e para a defesa da concorrência. Já o lado econômico envolve a ideia de mercado como uma complexa e quase infinita rede de trocas, com base num sistema livre de preços para os consumidores e ampla liberdade de ação para os empreendedores, que arriscam capital para destinar recursos.

A vulgata liberal subjacente às MPs por inspiração dessa equipe, contudo, vai além, classificando como perniciosa toda intervenção estatal, considerando natural a transformação de obrigações públicas em negócios privados e enfatizando a autossuficiência dos cidadãos. Desse modo, quando a equipe econômica despreza o lado político do conceito de liberalismo, o que sobra é a crença de que basta retirar o Estado da regulação econômica e equilibrar as contas públicas para que a confiança dos investidores seja restabelecida e a economia volte a crescer. O que resta é a fé religiosa baseada em juízos éticos e em ideias como a de desresponsabilização dos agentes econômicos, de autorregulação das cadeias produtivas e de hiper-responsabilização dos indivíduos por seu próprio destino,[18] independentemente de sua origem social, de seu

---

[18] Para se ter ideia da dimensão desse problema e das consequências dessa política de hiper-responsabilização no médio e longo prazo, no momento em que revi o texto para este livro, o boletim de informações da Fundação Instituto de Estudos e Pesquisas Econômicas (FIPE), da FEA/USP, informava que, dos 119,2 milhões de brasileiros com idade entre 20 e 50 anos, 64,6 milhões, o equivalente a 54,2% do total, não contribuíram para a Previdência

nível de escolaridade, de sua ocupação profissional e de suas condições de saúde.

Com o desprezo do lado político do conceito de liberalismo, nessa vulgata libertária, fica de lado, por exemplo, uma ideia civilizatória fundamental – aquela segundo a qual pertencer a uma ordem política e jurídica é desfrutar do reconhecimento da condição humana. Também são relativizadas e até esquecidas a importância do planejamento e a noção de estratégia, bem como a ideia de que políticas públicas e gestão privada podem ter objetivos e valores distintos.

Acima de tudo, por causa da confusão da equipe econômica entre juízos científicos e juízos políticos e até ideológicos, que não têm embasamento científico a partir do raciocínio econômico, também são ignorados dois relevantes fatos históricos. Por um lado, o fato de que uma economia de mercado precisa, para funcionar bem, de algo mais do que o interesse de cada um. Por outro, o fato de que, quando o mercado entra em crise e o Estado se revela incapaz de adotar políticas anticíclicas, a democracia se torna intolerante e o populismo daí decorrente tende a derivar para o autoritarismo.

Na linha de um libertarismo rasteiro, que confunde governar com promover cortes, essa vulgata do liberalismo tem levado a grandes equívocos entre nós. Um dos mais graves foi, em nome da maximização de uma visão de mundo fiscalista, o desmonte da administração direta e indireta por meio de um processo de privatizações e de desconstitucionalização e deslegalização de direitos, sem a preocupação paralela de forjar equivalentes funcionais a instituições compatíveis com os cenários de interdependência e policentrismo mundiais.

Não menos importante, outro erro foi não entender que os laços das conexões globais acarretam problemas globais, como

---

Social em 2019. Cerca de 44% não o fizeram por estar na informalidade, 40% porque estavam fora da força de trabalho e mais 15% devido ao desemprego. Cf. jornal *Valor Econômico*, São Paulo, edição de 20 de setembro de 2021.

pandemias, podendo levar a colapsos sociais e, por tabela, a crises econômicas, com consequências inimagináveis. Os seguidores das cartilhas libertárias ou neoliberais não se conscientizaram de que o policentrismo decisório se converteu em horizonte para a governança global, em cujo âmbito a ideia de multilateralidade não se refere apenas à geoestratégia militar e aos mercados financeiros, às tensões entre Estados Unidos e China, mas a todos os demais modos de relação entre atores, regulação de processos, negociação dos desafios e enfrentamento de crises.

Ao insistir na austeridade e nas privatizações, aceitando como natural a redução dos serviços públicos ao conceito de mercadorias negociáveis no jogo de mercado, os seguidores das vulgatas libertárias demoliram a máquina governamental e reduziram o alcance das funções essenciais das quais todos dependemos para assegurar a vida em face dos riscos devastadores causados pela Covid-19. Não por acaso, alguns dos países europeus com maior número de vítimas fatais foram os que estavam com seus sistemas de saúde debilitados, entre outros motivos, por terem se convertido nas chamadas sociedades da austeridade no início da atual década.

Conscientes de que, ao paralisar as cadeias globais de produção integradas por indústrias de distintos países conectadas na manufatura de um produto, a pandemia da Covid-19 apontou um dos pontos frágeis da economia transterritorializada, muitos países já estão se preparando para substituir políticas fiscalistas por medidas social-democratas; para abandonar a concepção libertária de Estados limitados a papéis subsidiários e excepcionais e optar pela concepção de Estados capazes de reconstruir o conceito de público, resgatar mecanismos de planejamento, definir noções de estratégia, propiciar estabilidade regulatória, dar prioridade a investimentos sociais e recolocar em termos mais responsáveis socialmente a questão da responsabilidade fiscal.

Submetido a um governo inepto, sem rumo e chefiado por um desequilibrado capitão reformado, o Brasil demorará para seguir esse caminho. E, pior, ainda terá de enfrentar o risco de novas aventuras populistas e bonapartistas. Por seu lado, a sociedade vai se dando conta da falta que faz uma eficiente estrutura de serviços públicos essenciais. Os cidadãos também vão se certificando da perversidade moral de uma desastrada fala do novo ministro da Saúde, feita em 2019, quando já deixara a atuação como médico oncologista para se tornar empresário financiado por um *equity fund*. Nessa fala, ele tratou da escolha entre a vida de um idoso ou de um jovem, pelos médicos, como um problema técnico e de caráter financeiro. Enfatizou critérios utilitários, sem levar em conta os direitos dos idosos assegurados pela Constituição, revelando não compreender que ética em saúde pública e a ética clínica são diferentes.

Como professor de filosofia do direito, disciplina em que a relação entre lei e moral é central, e como neto de um médico sanitarista que dedicou sua vida à profilaxia da lepra e tuberculose na América Latina, tendo morrido pobre, fiquei chocado com a insensibilidade – ou será cinismo? – do autor dessa fala. Independentemente de minha indignação e da crescente consciência da sociedade sobre os motivos que a levaram a não receber os serviços públicos essenciais de que necessita, os libertários da equipe econômica continuam dando as cartas. O que explica a timidez, a morosidade, a tibieza e falta de criatividade da equipe econômica para tomar medidas que ajudem a evitar o pior – um colapso social.

4. UM DIREITO ECONÔMICO "DE GUERRA"
(com Jean Paul Veiga da Rocha)

Diante dos efeitos disruptivos da pandemia da Covid-19 sobre toda a economia, disseminando a insolvência, de um lado, nos setores industriais, comerciais e de serviços e, de outro, nas concessões públicas, levando os agentes econômicos a invocar nos tribunais o princípio da força maior para justificar o não cumprimento de suas obrigações, o Judiciário e demais órgãos do sistema de Justiça brasileiro se encontram diante de uma encruzilhada.

Por um lado, o ativismo de um Judiciário sobrecarregado pelas demandas da crise passa pela interpretação desse princípio, que é indeterminado por sua natureza. No âmbito das relações privadas, disciplinadas pelo Código Civil, a autorização judicial indiscriminada do descumprimento dos contratos pode causar um efeito dominó, com distorções nas cadeias produtivas, desarticulando o setor privado.

Já no campo do Direito Administrativo, eventual rigidez no *enforcement* das obrigações das concessionárias pode levar o desequilíbrio econômico-financeiro ao limite dramático da inviabilidade dos serviços públicos. Dada a ausência de um balizamento minimamente objetivo, é grande a chance de erro na dose, seja ela contra ou a favor dos contratos assinados. Por outro lado, contudo, em meio às demandas inéditas e urgentes da crise, não se pode exigir dos tribunais soluções que, dada sua configuração institucional e sua lógica decisória, eles não têm condições de produzir no curto prazo.

Essa encruzilhada envolve problemas relevantes. Um deles diz respeito à efetividade da Constituição. Em tempos normais, quando há crescimento econômico, avanço tecnológico, algum equilíbrio social, comportamentos sedimentados e expectativas comuns de justiça, a Constituição é um marco normativo que tem como desafio combinar estabilidade e flexibilidade ou adaptabilidade às mudanças econômicas, sociais e culturais. A combinatória é difícil, pois se privilegiar a estabilidade, ela se desatualiza e é ultrapassada pela evolução da história. E, se privilegiar a flexibilidade ou adaptabilidade, mudando incessantemente, corre o risco de perder suas referências normativas e a capacidade de balizar as expectativas da sociedade.

O que dizer então com relação aos tempos difíceis como os atuais, marcados por incertezas, imprevisibilidades e inevitabilidades decorrentes da pandemia, exigindo respostas que nem o direito positivo nem o sistema de Justiça têm condições de responder de modo coerente, garantindo um mínimo de segurança jurídica? Diante de situações inéditas, geradoras de tragédias humanitárias e debacles econômicas, que exigem respostas imediatas por parte dos governantes, o que fazer quando a ordem jurídica pressupõe, para sua revisão e reforma, mecanismos com um tempo funcional mais lento do que o tempo da saúde pública e o tempo da economia? Evidentemente, por mais que uma Constituição possa ser revista, isso não acaba colidindo com sua vocação para a estabilidade, que é condição para que possa durar?

Essas indagações não são novas. Elas foram formuladas, por exemplo, após a quebra da Bolsa de Nova York, no final da década de 1920. Quando a Grande Depressão eclodiu, houve quem criticasse qualquer interferência estatal, sob a justificativa de que o mercado saberia se autorregular. O governo Herbert Hoover, que começara oito meses antes da crise, revelou-se tíbio ao enfrentá-la. Republicano, portanto um conservador pró-mercado, Hoover enfatizava a responsabilidade pessoal dos indivíduos por seu destino e alegava que o cuidado dos desvalidos da recessão era de responsabilidade local, não do governo federal. Derrotado na campanha pela reeleição, foi sucedido por Franklin Roosevelt, um democrata eleito com base num programa criativo e eficaz de intervenção econômica e social, o *New Deal*, voltado à recuperação econômica e à proteção das classes mais prejudicadas pela crise.

Entre outras medidas, esse programa previa a criação da *National Recovery Administration*, um órgão de planejamento de alcance nacional com a prerrogativa de gerir uma espécie de economia de guerra. O *New Deal* não apenas envolvia um conjunto de ações regulatórias nos campos econômico e social, como também abria caminho para a promoção de direitos e implementação de programas sociais fundamentais para a eficácia das liberdades básicas dos cidadãos. Englobava, igualmente, a coordenação das ações de diferentes agências federais e uma cooperação estreita com os Estados, por um lado possibilitando certas experiências, mas, por outro, assegurando que que os objetivos nacionais fossem cumpridos. Contudo, apesar de ter sido bem recebido pela sociedade, algumas de suas inovações regulatórias – especialmente a *National Recovery Administration* – foram declaradas inconstitucionais pela Corte Suprema, sob a alegação de que a Constituição americana não permitia o "socialismo", gerando com isso fortes tensões políticas entre o Executivo e o Judiciário.

Um século depois, guardadas as devidas proporções, o que se espera entre nós é um direito econômico para uma economia de guerra – mais precisamente, uma matriz jurídica para uma espécie de *New Deal* num contexto pós-keynesiano, de políticas basicamente fiscalistas e hostil a medidas anticíclicas. Evidentemente, esse direito econômico para tempos de guerra não pode ser uma cópia do experimento rooselveltiano, quando ainda pouco se falava no que Schumpeter descreveria em 1942 como processo de destruição criativa. E quando também não se imaginava o alcance do desemprego estrutural causado pela substituição do trabalho braçal pelo trabalho robotizado nem o fenômeno da transterritorialização dos mercados e o surgimento de cadeias globais de valor, com as indústrias de diferentes países conectadas para a fabricação de um determinado produto.

Do ponto de vista substantivo, agora o desafio é reconstruir o conceito de interesse público e reformular a ação do Estado para que possa, além de enfrentar a crise sanitária, induzir investimento e criar valor e renda em contexto de isolamento social. E isso requer criatividade para unir a dinâmica virtual da economia (*e-commerce*, por exemplo) com a infraestrutura e a logística físicas do transporte, desde que respeitados os protocolos sanitários. Exige, igualmente, uma ampla discussão sobre a possibilidade de o Estado alavancar, com o instrumento das compras públicas, empreendimentos privados capazes de realizar uma substituição de importações de testes de diagnóstico, insumos e equipamentos hospitalares, dentre tantos outros itens que o momento possa sugerir. Esse enorme desafio demanda ainda uma nova arquitetura jurídica – criativa, flexível e pragmática.

Como já foi dito, o *New Deal* enfrentou forte resistência por parte da Suprema Corte, para a qual circunstâncias extraordinárias – o equivalente ao que hoje se chama de força maior – não justificariam tanta interferência regulatória no mercado. Mas o governo Roosevelt conseguiu superar essas resistências e implantar medidas e reformas sem colocar em risco a estabilidade institucional da democracia e a integridade da ordem jurídica. Os embates entre os Poderes tornaram-se referência para o constitucionalismo moderno. Entre outros motivos, porque eles deixaram claro que uma Constituição democrática é um projeto em contínua construção, de tal modo que o desenvolvimento de seus princípios estruturantes e fundantes pode ser realizado pelos poderes constituintes – inclusive o sistema de Justiça.

Todavia, caminhar nessa linha com o objetivo de tentar evitar uma tragédia humanitária, uma desestruturação das cadeias de produção e um apagão no âmbito do Direito Civil e do Direito Administrativo esbarra em várias dificuldades. Uma delas é a insensibilidade e o despreparo do presidente da República. Outra, é a notória incapacidade que seu governo tem demonstrado para formular programas anticíclicos, aumentar gastos públicos para aliviar sofrimentos e impedir quebras generalizadas, coordenar um direito econômico de guerra e afastar o risco de desarticulação do setor privado e de colapso das concessões de serviço público. Dificuldades como essas vêm elevando os dilemas sobre o princípio jurídico de força maior a um patamar insolúvel. E, aí, não há condição alguma de os tribunais, julgando caso a caso, de forma aleatória, descentralizada e descoordenada, fazerem milagre.

5. OS "CASOS DIFÍCEIS" E A INSTABILIDADE REGULATÓRIA

Com a paralisia das atividades econômicas, em decorrência do programa de distanciamento social generalizado social, os tribunais passaram a receber alto número de ações fundamentadas no princípio jurídico da força maior. Elas pedem suspensão de pagamento de aluguéis e tributos, afrouxamento de prazos para amortização de empréstimos e liberação de bens de empresas em recuperação judicial que viram seu faturamento cair a zero. Relacionado a forças naturais, o princípio jurídico da força maior permite a conversão das ideias de inevitabilidade, imprevisibilidade e impossibilidade em justificativa para o não cumprimento de obrigações contratuais.

No mundo forense, os membros do Conselho Nacional de Justiça recomendaram aos juízes que, quando receberem casos em que uma das partes invoca esse princípio, optem pelo bom senso e incentivem a mediação e a negociação, onde não há vencedores nem vencidos. Já as autoridades econômicas, além de chamar atenção para os riscos da judicialização, pediram aos juízes que garantam o respeito aos contratos. O presidente do Banco Central afirmou que, quando a economia sofre choques e os contratos deixam de ser cumpridos, a incerteza jurídica aumenta e sua recuperação fica mais difícil. Por seu lado, concessionárias de serviços essenciais advertiram para o risco de decisões desencontradas das diferentes instâncias judiciais, decorrente da explosão de interpretações a um só tempo restritivas e extensivas do princípio de força maior. Mas, com base no mesmo princípio, elas também estão pedindo renegociação de contratos, com o objetivo de recuperar prejuízos causados pela pandemia. Além do aumento de tarifas, para compensar a redução de demanda e aumento da inadimplência, reivindicam ampliação do prazo de concessão, flexibilização de investimentos e cortes no pagamento de outorgas.

Evidentemente, se a interpretação do princípio de força maior não seguir um certo balizamento e as diferentes instâncias judiciais autorizarem o descumprimento dos contratos de modo generalizado, os tribunais poderão provocar um efeito dominó na economia. O que, por consequência, comprometerá a solvência dos fornecedores e concessionários, acarretando distorções em todas as cadeias produtivas e, no limite, desarticulando tanto o setor privado quanto o sistema de concessão de serviços essenciais, como saneamento, transporte urbano, aeroportos, rodovias, etc. E, no plano jurídico, pode levar a um desequilíbrio inédito no universo das obrigações contratuais, com desdobramentos imprevisíveis. Por isso, como os contratos têm matrizes de custos e riscos distintas, há quem recomende aos juízes analisar cada caso, levando em conta as especificidades de cada demanda judicial.

À primeira vista, a sugestão é sensata. Não resolve, contudo, o problema que está por trás da insegurança jurídica: a ampla discricionariedade de que os juízes dispõem para interpretar princípios jurídicos polissêmicos, como bem comum, função social da propriedade privada, função social dos contratos e força maior. Princípios como esses têm o objetivo de propiciar a resolução dos chamados "casos difíceis", aqueles que não são facilmente enquadráveis nas normas em vigor. No direito, princípios têm uma função integradora, diretiva e interpretativa, fornecendo diretrizes programáticas, orientando o preenchimento de lacunas e assegurando coerência doutrinária e sistêmica à ordem jurídica. Desse modo, permitem aos juízes equilibrar valores, regras, finalidades, obrigações e permissões. A necessidade desse equilíbrio decorre da dificuldade de se conjugar em termos lógico-formais uma ordem social e econômica concreta, cada vez mais complexa, na qual os sujeitos de direito se encontram imersos em múltiplas redes de relações, com as categorias normativas abstratas e atemporais do direito positivo.

Assim, ao julgar os "casos difíceis", os juízes não podem decidi-los somente aplicando a lei de forma mecânica – entre outros motivos, porque os princípios são concebidos de modo deliberadamente vago para poder atuar como diretrizes programáticas. E, também, porque sempre há divergências sobre sua interpretação e seu alcance. Essas divergências são inexoráveis, pois não há interpretação literal – como lembram os professores de teoria do direito, toda interpretação de um texto legal é, de algum modo, uma forma de recriação desse texto. Além disso, o processo de pacificação em matéria de hermenêutica jurídica, do qual resultam súmulas e jurisprudências, já é naturalmente lento em tempos normais. O que dizer, então, com relação a tempos como o atual?

Em tempos normais, o desenrolar dos acontecimentos de certo modo é suficiente para permitir que a Justiça vá, aos poucos, calibrando as expectativas jurídicas, garantindo com isso a certeza do direito. Nessas fases, os textos legais – a começar pela Constituição – constituem um marco que tenta combinar estabilidade com flexibilidade. Já em fases de crise, a interpretação das regras e princípios jurídicos é sobrecarregada por incertezas e contingências. De que modo interpretar acontecimentos e conflitos que provocam perturbações, bifurcações e rupturas na ordem social, na ordem econômica e na ordem legal? Como podem os juízes, cuja formação técnica foi concebida para atuar em tempos normais, lidar com o instável e o indeterminado? O que é certo e o que é errado? O que é um pleito justo e o que é um pleito feito com má-fé, mediante a manipulação do princípio de força maior, por exemplo?

Pela concepção de ordem jurídica em vigor no país, além disso, o tempo da segurança jurídica também é um tempo longo, que não pode ser afetado em sua essência por fatores meramente conjunturais. Já os períodos de exceção, como o que estamos vivendo, levam ao conflito entre o tempo do direito (em que as normas processuais e o processo legislativo convencional são condições de segurança jurídica) e o tempo da economia (em que medidas emergenciais só podem ser dotadas mediante o desrespeito a essas mesmas normas e a esse processo, em nome da "exceção"). Em outras palavras, exigências de curto prazo, em matéria de programas econômicos e sanitários, implicam alterações jurídicas que, por serem feitas sem respeitar os tempos legislativo e judicial, colocam em xeque os postulados do próprio Estado de Direito.

O resultado é um cenário não apenas incerto, mas, também, paradoxal. Por um lado, há necessidade de que o tempo do direito acompanhe as mudanças sociais. Por outro, contudo, é preciso assegurar estabilidade da ordem jurídica ao longo da história – o que é impossível no tempo curto das indecisões frente ao imediato. O imediatismo contraria os princípios da estabilidade e da confiança inerentes às limitações impostas pelo Estado de Direito aos processos de revisão tanto do direito público quando do direito privado.

No momento atual, o Supremo Tribunal Federal não tem condições de firmar a curto prazo uma jurisprudência sobre como interpretar o princípio jurídico da força maior e como definir seu alcance. E, uma vez que a interpretação desse princípio já é por si complexa e pode variar de juiz para juiz, de vara para vara, de comarca para comarca, de instância para instância, cidadãos e agentes econômicos estão, em pleno Estado de Direito, diante de um desafio insólito: o de partilhar riscos e perdas sem um mínimo de estabilidade regulatória que lhes dê suporte. Se Oliver Wendell Homes Jr., um dos precursores do realismo jurídico, era persuasivo quando afirmava no século 19 que "a vida do direito não é lógica, mas experimento, como tudo na vida", que tipo de resposta esperar do sistema de Justiça nestes dias de tragédia humanitária, perplexidade, indignação, angústia e medo?

6. A AGENDA PÓS-PANDEMIA: ESTADO E NOVOS PADRÕES DE INTERVENÇÃO

Ao chegar à Europa no começo de 2020, a pandemia da Covid-19 impactou principalmente os países europeus que haviam adotado políticas de austeridade fiscal impostas por governos ultraliberais, dada a obsessão em assegurar a solvência estatal e o desprezo à definição de prioridades no campo social. Por um lado, os sistemas de saúde desses países haviam sido minados pela conversão de atividades essenciais do poder público em serviços ou negócios privatizados. Por outro, apesar da tragédia humanitária, vários ministros da economia resistiram às propostas de revisão das funções do Estado e à adoção de medidas emergenciais de expansão de gastos, reafirmando as virtudes de uma economia de mercado liberta de constrangimentos jurídicos – ou seja, as virtudes de uma economia desregulamentada.

Tal economia está baseada nas premissas de que o indivíduo cuida de si e de que o interesse individual é o centro da motivação do ser humano. Nela a regra é a exploração ilimitada da conjuntura, com os agentes tentando maximizar todas as vantagens possíveis de curto prazo ao mesmo tempo em que fazem vistas grossas a suas responsabilidades para com os outros e para a comunidade. A ideia é que, quanto mais o mercado é desregulamentado, mais o interesse individual e a dinâmica do mercado propiciam crescimento e, por consequência, satisfação das necessidades sociais.

O papel do Estado: subsidiário ou regulador

O mesmo que ocorreu na Europa aconteceu no Brasil. No segundo semestre de 2019, a Lei nº 13.874, originariamente proposta pelo governo por meio da Medida Provisória nº 881 com o objetivo de assegurar a "liberdade econômica", parece ter sido orientada programaticamente mais por um gestor de fundo de investimento preocupado com seus bônus do que por um ministro de Estado *soi disant* liberal.

Entre outras passagens dignas de nota, esse texto legal afirma que, no exercício das atividades econômicas, o Estado terá somente uma intervenção "subsidiária" e "excepcional". Esta passagem colide frontalmente com a Constituição. De modo taxativo (artigo 174), ela estabelece que o Estado é agente normativo e regulador da atividade econômica, atribuindo-lhe, entre outras, as funções de fiscalização, incentivo, planejamento e financiamento.

A rigor, são concepções excludentes sobre o papel do Estado. Sendo que fica evidente, além do mais, o flagrante desprezo, por parte dos autores dessa lei, pelo papel da Constituição como marco normativo com base no qual poderes, órgãos e agentes públicos e políticos podem gerir a vida social e econômica. Ao partir da premissa de que governar é cortar gastos, é desconstitucionalizar e deslegalizar, é flexibilizar direitos e desonerar obrigações previdenciárias das empresas, é desregulamentar e privatizar, o viés programático ultraliberal da Lei nº 13.874/19 na prática tende a corroer a distinção entre o público e o privado. No limite, é como se submetesse o primeiro ao segundo, esquecendo-se de que as ideias de interesse público e bem comum vão muito além da simples interação entre ações privadas. Ao se preocupar basicamente com a eficiência alocativa de recursos e ao priorizar a não intervenção estatal, na perspectiva da chamada "análise econômica do direito", desenvolvida a partir da visão neoclássica da economia que há algum tempo caracteriza a Universidade de Chicago, esse viés programático tende a encarar o livre jogo de mercado como superior até mesmo aos princípios, às determinações e às garantias estabelecidas pela Constituição.

Na hierarquia das leis, contudo, é inadmissível que qualquer lei, a começar pela de nº 13.874/19, esteja acima da Constituição. E a Constituição brasileira, apesar das críticas que sempre recebeu, tem o mérito de explicitar que política pública e gestão privada podem ter objetivos e valores distintos, ainda que os critérios de eficiência e competência sejam essenciais nos dois tipos de ação. Também deixa claro que um programa econômico – independentemente de ser social-democrata ou liberal – não pode ser implementado e executado fora dos marcos normativos postos pelo Estado, marcos esses que na ordem jurídica do mercado envolvem o direito das obrigações contratuais, o direito da responsabilidade civil, o direito do consumidor, o direito da concorrência e o direito regulatório.

Além disso, a proposta de reduzir a intervenção estatal a uma dimensão meramente "subsidiária" e "excepcional" encerra dois outros problemas. De um lado, ela é um contrassenso, por ser incompatível com o desafio que o poder público tem de enfrentar para induzir investimento, criação de valor e renda em períodos de crise, como é o caso do que ocorre hoje. Trata-se de um contexto de isolamento social e, por tabela, de redução do nível de atividade econômica. O que, por consequência, afeta o sistema financeiro, comprime receitas fiscais, aumenta a pressão por mais gastos públicos e agrava as tensões sociais. De outro lado, no modelo federativo em vigor no país, a atuação mais direta do poder público no combate às desigualdades sociais se dá por meio das prefeituras e dos estados.

Desse modo, quando a equipe econômica propõe uma redução drástica do alcance das funções fiscalização, incentivo e planejamento do Estado, ao mesmo tempo em que o presidente da República que a nomeou invoca a liberdade individual como princípio supremo para criticar as limitações impostas por estados e municípios ao direito de ir vir, para preservar a saúde pública, aquela equipe e suas propostas não colidem apenas com a Constituição no plano formal. Também não se limitam a corroer a lógica do modelo federativo de estrutura político-administrativo do país que está em vigor desde a primeira Constituição republicana, a de 1891. As medidas vão muito além no plano substantivo, na medida em que reduzem repasses aos governos municipais e estaduais, deixando-os praticamente sozinhos na tarefa de garantir e oferecer acesso a hospitais públicos e de minimizar o sofrimento num período de muita dor, ansiedade e tristeza.

A pandemia e o constitucionalismo de exceção

Neste momento em que quase todos os países começam a discutir uma agenda para a retomada do crescimento econômico pós-pandemia, custa crer, seja no plano político, seja no plano ético, que o governo brasileiro não seja capaz de identificar como a responsabilidade pela saúde de todos os cidadãos está conectada com as liberdades públicas. Ao afirmar que as estratégias de isolamento social e confinamento impostas por vários estados e municípios atenta contra a liberdade individual, ele demonstra não compreender que, deixar de impedir o comportamento irresponsável de alguns, que insistem em circular e em não usar máscara, acaba colocando em perigo a vida dos outros.

Custa crer, igualmente, que sua equipe econômica, presa a um dogmatismo fiscal e incapaz de compreender a necessidade de um Estado ativo e indutor para que os mercados voltem a funcionar em tempos de crise, mais uma vez esteja desprezando formas de cooperação, bem como o diálogo social entre empregadores e empregados. Não teve criatividade, celeridade – e, principalmente, vontade – de formular uma rede de proteção social de curto prazo. Limitou-se a enfatizar que a "salvação nacional" poderia ser assegurada por meio de uma economia de mercado assentada na desoneração da iniciativa privada; no desmonte dos mecanismos institucionais de inclusão e promoção de justiça social; na mercantilização de bens e serviços públicos; na liberdade de iniciativa e na apropriação exclusivamente individual de seus resultados.

Banalizando a urgência do presente implícito na ideia de um direito de exceção – ao qual em princípio corresponderia uma temporalidade de exceção[19] – e cada vez mais seduzida pela ideia de que algumas medidas emergenciais adotadas em nome do combate à Covid-19 seriam úteis demais para serem deixadas de lado após a pandemia, a equipe econômica do governo também flertou com o desejo de tornar permanentes eventuais restrições – e até violações – de alguns direitos básicos. Primando pelo voluntarismo e pela lógica do imediatismo, também voltou a recorrer a decretos e medidas provisórias para tentar enxugar a ordem jurídica que disciplina o mercado.

E, agora, vem mais uma vez tentando aproveitar as dificuldades econômicas causadas pela pandemia para retomar ideias antigas, como, por exemplo: (a) promover cortes de servidores públicos, colidindo desse modo com a burocracia profissional do Estado em tempos de uma crise de saúde pública e de uma crise econômica; (b) privatizar o ensino público, convertendo-o em mercadoria ofertada por grupos privados com ações negociadas em bolsa; (c) reduzir ainda mais os direitos trabalhistas, a ponto de cogitar a contratação de trabalhadores com baixa proteção jurídica sob a justificativa de minimizar o alcance do desemprego; (d) propor congelamento de aposentadorias e pensões, sem reposição da inflação; (e) manter a tendência de redução significativa de recursos para fiscalização de segurança e saúde no trabalho, de combate ao trabalho escravo e de verificações de obrigações trabalhistas e ambientais; (f) cortar o orçamento da educação para transferir recursos para obras eleitoreiras; (g) promover uma abertura econômica radical num mundo em que a pandemia está levando os Estados nacionais a reduzir a cooperação internacional baseada num liberalismo extremo, voltando a atenção às demandas locais e regionais, às

---

[19] Cf. FERREIRA, António Casimiro. *Sociologia das Constituições*: desafio crítico ao constitucionalismo de exceção. Porto: Vida Económica, 2019, p. 78.

normas trabalhistas e à proteção do meio ambiente; e (h) recriar um imposto sobre movimentações financeiras cobrado tanto nos pagamentos quanto nos recebimentos – um tributo que, por seu efeito em cascata, prejudica as cadeias de produção mais longas, distorce os valores de bens e serviços e agrava a ineficiência do sistema tributário brasileiro.

Justificadas em nome do estímulo às forças de mercado num período de adversidade econômica e baixa coesão social, no limite algumas dessas medidas estreitam ou esvaziam os marcos legais que estabelecem as obrigações e definem os espaços de ação e regulação do poder público. Também esvaziam os mecanismos de assistência social do Estado, ao mesmo tempo em que dificultam o acesso dos cidadãos aos tribunais, com o objetivo de defender direitos previstos pela Constituição. E ainda minam a possibilidade que os cidadãos têm de atuar politicamente sobre suas condições sociais de vida, como se restasse para os mais desfavorecidos apenas e tão somente o direito de dormir sob viadutos e marquises.

A agenda pós-pandemia

Quando a Covid-19 passar e o país tomar consciência da distância entre os problemas socioeconômicos por ela acarretados e a efetividade das leis em vigor, o ultraliberalismo da equipe econômica do atual governo terá de voltar para as gavetas de onde jamais deveria ter saído e a rediscussão do papel do Estado nacional e dos direitos estará na ordem do dia. A meu ver, cinco pontos, entre outros, constituem condição necessária – ainda que não suficientes – para tornar esse debate responsável e consequente.

a) *Normas, instituições e direito*

Em primeiro lugar, não se pode perder de vista que normas, intervenções regulatórias e instituições de direito desempenham papéis essenciais no livre jogo de mercados cada vez mais transterritorializados.[20] São decisivas para enfrentar as inevitáveis falhas de mercado. Para preservar a propriedade material e imaterial. Assegurar o cumprimento das cláusulas pactuadas entre as partes nos diferentes tipos de contratos antes da pandemia. Balizar o processo de reequilíbrio das relações entre os agentes econômicos por negociação direta ou por mediação. E coibir a concentração e o abuso do poder econômico.

b) Políticas públicas estruturais

Em segundo lugar, diante do crescente desemprego dos trabalhadores menos qualificados, do aumento recorde do trabalho informal e do avanço da pobreza extrema, hoje integrada por 13,8 milhões de pessoas, também não se pode esquecer que pertencer a uma ordem jurídica é, igualmente, fruir do reconhecimento da condição humana. E isso não se limita a estratégias de assistencialismo, políticas focalizadas e outros programas sociais compensatórios. Pelo contrário, exige políticas públicas de caráter social, industrial, ambiental, cientifico e tecnológico coerentes com a resposta dada durante a pandemia à questão sobre o que era mais sensato e racional à época – gastar para controlar a pandemia ou gastar para compensar uma economia paralisada?

c) A recuperação da ideia de planejamento

Em terceiro lugar, é preciso recuperar duas ideias fundamentais, que foram, nas últimas décadas, relegadas pela pretensa hegemonia de economistas ultraliberais.

A primeira ideia é a de planejamento, ou seja, um processo de mobilização de capitais e de distribuição ótima de

---

[20] Cf. THORNHILL, Chris. Politics becomes Law. In: *The Sociology of Law and the Global Transformation of Democracy*. Cambridge: Cambridge University Press, 2018.

recursos e de meios a partir de objetivos dados, cuja fixação decorre de uma vontade política orientada por um projeto. E como a implementação desse projeto muda conforme as circunstâncias sociais e econômicas, exigindo um permanente processo de revisão e ajustamento de metas e instrumentos, a segunda ideia é de estratégia de médio e longo prazo. Exige, assim, uma institucionalidade nova, quase em nada semelhante à que existiu no século passado. Em face das mudanças socioeconômicas, o planejamento não pode ser rígido – pelo contrário, implica um grau de flexibilidade, além de monitoramento e avaliação.

É preciso, igualmente, retomar a ideia de que política econômica não trata apenas e tão somente de juros, câmbio e política fiscal. Ou seja, a ideia de que ela, além de interagir em áreas como educação, tecnologia, política agrícola e infraestrutura, envolve ainda ações e programas capazes de promover uma mudança estrutural nos padrões de produção. Envolve, igualmente, a concepção e implantação de um corpo adequado de políticas econômicas em condições de criar um horizonte de longo prazo para o crescimento e para a reindustrialização com gradação tecnológica do país, que hoje apresenta graves limitações em matéria de infraestrutura, logística e formação, qualificação e capacitação de pessoas.

Os tempos em que autores como Karl Mannheim e Gunnar Myrdal discutiam se o planejamento limita o exercício da liberdade de iniciativa num determinado período, obrigando uma sociedade a se subordinar a opções políticas tomadas no passado, e também se o planejamento compulsório para o poder público e o planejamento indicativo para a iniciativa privada poderiam conviver, já ficaram para trás. Eram tempos em que economistas como Raul Prebisch, Celso Furtado e Aníbal Pinto trabalhavam com a distinção entre o que chamavam de centro e periferia e sociólogos como Fernando Henrique Cardoso discutiam a ideia de desenvolvimento dependente.[21] Em que, ao elaborar um plano de desenvolvimento e de indução ao crescimento, a administração pública tinha de enfrentar problemas e dilemas que exigiam capacidade de gerir a complexidade social, as interdependências e externalidades negativas, sob condições de baixo grau de qualidade de informações técnicas, dados estatísticos e diagnósticos.

Ainda que sejam vulneráveis a contingências e efeitos negativos não previstos nem mensuráveis, os mecanismos essenciais à formulação do planejamento e à orientação da construção de políticas públicas melhoraram significativamente nas últimas décadas. É certo que com isso elas ampliaram significativamente o campo de ação e o rol de possibilidades dos responsáveis pelo planejamento. Ao mesmo tempo, contudo, entreabriram o paradoxo inerente a essa ampliação – ou seja, quanto mais se sabe, menos se sabe. Quanto mais se aprende, maior é o desconhecimento sobre os riscos e as incertezas do futuro.

Os mecanismos essenciais à elaboração de diagnósticos e à formulação do planejamento foram beneficiados pelo advento de sistemas mais eficientes de coleta de informações, de modelos matemáticos, de processos de construção de cenários, de análises de impacto regulatório, de cálculos mais precisos da taxa esperada de retorno de projetos e de técnicas de identificação de riscos – ou seja, situações em que alguns possíveis desenlaces de fatos futuros e suas probabilidades podem ser entrevistas ou cogitadas.[22] E, para a implementação

---

[21] Ver, nesse sentido, dois antigos *papers* de Fernando Henrique Cardoso, escritos em 1970 para seminários acadêmicos no The Center for Inter-American Relations (Conference on the Western Hemisphere: issues for the 1970's) e na Fondazione Luigi Einaudi, "Alternativas políticas na América Latina" e "Industrialização, dependência e poder na América Latina". Eles estão reunidos no livro *A construção da democracia*: estudos sobre política. Rio de Janeiro: Civilização Brasileira, 2020.

[22] A ideia de risco se contrapõe à ideia de incerteza, que se refere a situações em que não é possível conhecer as probabilidades e desfechos futuros relevantes ou seja, em que é impossível ter qualquer presunção. A distinção entre risco (com probabilidade mensurável) e incerteza (que não pode ser medida) foi apontada pelo economista

de um plano, com o subsequente alinhamento da burocracia pública a ele, a importância da noção de estratégia é óbvia. Diante da inevitabilidade de riscos e incerteza, por um lado, e do paradoxo acima mencionado, por outro, é possível para os planejadores operarem com múltiplas alternativas? Como evitar que o conhecimento técnico, que é vital para a formulação de planos consistentes, seja comprometido por modelos simplificados de avaliação das tensões e condicionamentos políticos, jurídicos e institucionais inerentes aos processos sociais e econômicos? De que modo alcançar as metas previstas pelos planos? De que modo coordenar as ações necessárias à sua consecução? Em que período de tempo? E com que nível de investimento?

d) Estado, função e negócio

Em quarto lugar, é necessário retomar a ideia de que, no Estado moderno, há uma enorme diferença entre o que é *função* e o que é *negócio*. A função do planejamento no âmbito do Estado, por exemplo, pressupõe a noção de obrigações e responsabilidade da parte do poder público, seja em matéria de desenvolvimento e crescimento econômico, seja no plano da prestação de serviços essenciais e formação de capital humano e social.

Algumas atividades estatais podem até ser privatizadas, configurando transferências de negócios para novos controladores. No entanto, isso não acontece com as obrigações e com os deveres do poder público. Eles estão na essência da noção de direitos. Em outras palavras, há determinadas

---

americano Frank Night, em *Risco, incerteza e lucro*. Rio de Janeiro: Expressão e Cultura, 1972. A obra original é de 1921. A distinção é retomada mais tarde por John Maynard Keynes. Em *A Teoria geral do emprego, do juro e da moeda*, ele afirma que o risco pode ser comprovado por meio da teoria da probabilidade, enquanto a incerteza se basearia apenas em estimativas subjetivas. O denominador comum do pensamento de ambos é que, nas situações de profunda incerteza, pouco adianta os economistas atribuírem probabilidades arbitrárias a cenários e contextos que advirão de processos inteiramente imprevisíveis.

funções que cabem apenas e tão somente ao poder público – e se isso for relevado, o avanço do privatismo comprometerá a própria razão de ser do Estado.

e) A tensão entre capitalismo e democracia

Por fim, o quinto ponto anda esquecido das discussões sobre políticas públicas, ainda que tenha sido debatido em larga escala nas décadas finais do século passado, no contexto das lutas pela ampliação dos direitos sociais e da igualdade de oportunidades, por políticas de ação afirmativa e correção das desigualdades socioeconômicas. Trata-se da tensão estrutural inerente à relação entre capitalismo e democracia representativa.

Ambos têm como denominador comum o direito ao exercício da livre vontade, seja ele político, combinando sufrágio universal e garantias fundamentais, seja ele econômico, envolvendo o direito de cada um de fazer a própria escolha em matéria de negociação de bens, serviços, capital e venda da força de trabalho.

A tensão decorre do fato de que o capitalismo é, sabidamente, um processo cuja força motriz é a continuação de uma acumulação sem fim. É por esse motivo que o ultraliberalismo padrão *guedesiano* defende que a acumulação capitalista seja mantida tão desimpedida quanto possível de restrições legais e constrangimentos determinados por critérios de ordem política.

Também é isso que explica sua obsessão pela desconstitucionalização de direitos e pela recorrente defesa de uma intervenção regulatória estatal de caráter meramente "subsidiária" e "excepcional", como prevê a MP nº 881, convertida na Lei nº 13.874. Nesse sentido, como já afirmava Habermas há mais de duas décadas, cada passo em direção à desjuridificação e desregulamentação dos mercados significa ao mesmo tempo uma "despotencialização" ou, de modo mais preciso, uma autolimitação do poder político como o meio para implementar decisões coletivas vinculantes.[23]

Já a democracia representativa, por responder a interesses definidos com base no voto universal, em eleições periódicas livres e na regra de maioria, propicia a imposição de limites à lógica capitalista e ao jogo financeiro, com o objetivo de assegurar algum equilíbrio entre enriquecimento privado e justiça distributiva. Com base na premissa de que no espaço público os cidadãos concebem determinados valores que acabam definindo o que entendem por justiça, como atendimento das necessidades básicas de todos e produção de determinados bens públicos, a ideia de democracia representativa pressupõe políticas governamentais destinadas a aumentar a igualdade de oportunidades, a promover igualdade distributiva e a corrigir disparidades sociais. O que, por consequência, aumenta a participação do setor estatal na economia, alterando a relação entre bens privados e bens públicos, em favor destes últimos.

Os riscos da democracia iliberal

A partir do voto universal e da regra de maioria, a democracia representativa tem assim uma dimensão igualitária, lastreada nos princípios de que todos são iguais entre si e de que não existe liberdade efetiva sem garantias fundamentais – garantias essas que dependem de que o poder público cumpra suas funções básicas. Por seu lado, o capitalismo é marcado pela desigualdade em termos de resultados, uma vez que a acumulação dos vitoriosos no livre jogo de mercado tem como contrapartida a geração de uma legião de derrotados.

---

[23] Ver HABERMAS, Jürgen. *A constelação pós-nacional e o futuro da democracia*. In: *A Constelação Pós-Nacional*. São Paulo: Littera Mundi, 2001. Ver, também, do mesmo autor, "Nos limites do Estado". *Folha de São Paulo*, edição de 18 de julho de 1999.

Desse modo, quando a economia trava ou passa por períodos de estagnação, a circulação de riquezas diminui. A receita de taxas e impostos cai. Políticas públicas são canceladas em nome da austeridade fiscal. E a situação de incerteza e insegurança sociais daí decorrentes abre caminho, pelo voto, para concepções regressivas de ordem pública. Para a degradação do debate político. E para a ascensão de um populismo nacionalista e autoritário desenfreado, que tem desapreço pelas liberdades públicas, menospreza a pluralidade inerente a uma sociedade democrática, desqualifica o diálogo como meio de resolução de divergências e construção de acordos e mobiliza a população contra inimigos reais ou inventados, encarando a democracia de modo plebiscitário.

Esse é o cenário a que estamos assistindo nos Estados Unidos, em alguns países do Leste Europeu e também no Brasil. E o perigo é que ele vem tendendo, entre nós, a descambar numa espécie de autoritarismo dissimulado ou furtivo, que tem sido chamado de *democracia iliberal*. Ou seja: um regime no qual regras e procedimentos democráticos são utilizados por políticos e por grupos autoritários com o objetivo de reduzir as mediações institucionais, minar garantias fundamentais, corroer liberdades públicas, inviabilizar juridicamente eventuais resistências e liquidar com os direitos das minorias. Enfim, de alterar as regras democráticas com base nas quais se elegeram, com o objetivo de se manter no poder. Isso pode ser visto com clareza no atual governo brasileiro. Se de um lado tem recorrido a instrumentos do regime democrático em busca de uma tinta de legitimidade, de outro jamais escondeu sua propensão por "uma concepção de poder fundada em técnicas de transgressão do muito de fragilidade e de brechas que há na ordem política e no pacto implícito na Constituição de 1988".[24]

---

[24] Cf. MARTINS, José de Souza. Religião e a "teoria da boiada". *Valor Econômico*, edição de 25 de setembro de 2020.

Inversamente, quando a acumulação por poucos é muita, a mobilidade social ascendente acaba sendo travada e o exército de desvalidos aumenta, corroendo, por consequência, o que resta das bases da estabilidade da sociedade. O que se tem então são instituições políticas que tendem a ser capturadas e controladas por conglomerados empresariais e grupos financeiros. Ou seja, uma espécie de plutocracia, cuja insensibilidade aos problemas de exclusão culmina na barbárie ou no estado hobbesiano da natureza implícitos nas ideias ultraliberais de que cada indivíduo deve cuidar de si mesmo e de que eventuais medidas de proteção dos excluídos não passam de paternalismo injustificado.[25] Ideias essas cujo denominador comum seria, no limite, uma versão contemporânea de darwinismo social, em que vencem apenas os mais fortes.

Nos dois casos, a democracia e o direito saem perdendo. Neste período de baixa coesão social, erosão das normas de cooperação, incerteza política e estagnação econômica, como fazer com que o regime democrático e os direitos sobrevivam? Como evitar que fracassem? Este é o desafio da agenda pós-pandemia.

---

[25] No dia 15.09.2020, a manchete do jornal *Folha de São Paulo* dava a dimensão do que afirmo. "Governo quer decreto para cortar R$ 10 bi de carentes", afirmava no alto da primeira página. A manchete do concorrente, *O Estado de São Paulo*, foi no mesmo sentido: "Economia propõe congelar aposentadoria para criar Renda Brasil".

7. VACINA, CIÊNCIA E DEMOCRACIA

Ao afirmar que a vacina contra a Covid-19 não é obrigatória e ao rejeitar num contexto de emergência vacinas chinesas, por razões políticas e ideológicas, o presidente da República mais uma vez mostrou o tamanho da simbiose entre ignorância e arrogância que sempre o caracterizou. Com a rejeição à obrigatoriedade da vacina e a aversão à "vacina chinesa", contudo, ele conseguiu, paradoxalmente, chamar a atenção para a importância do saber científico, para a necessidade de instituições políticas mais sólidas e para o desafio de melhorar perante a comunidade internacional a combalida imagem de um país cujo dirigente máximo vê o mundo da altura do rodapé, mente compulsivamente e é apoiado por protofascistas e políticos que escondem dinheiro na cueca.

Medidas de saúde pública – como a obrigatoriedade da vacina contra a pandemia – podem ser impopulares, como já se viu no Brasil nos tempos de Oswaldo Cruz e da gripe espanhola, é certo. Contudo, têm fundamento científico e seu objetivo é preservar a saúde da comunidade. Por isso, quando um cidadão se recusa a ser vacinado, ele não está se valendo de um direito fundamental e da liberdade de escolha, como o presidente tem afirmado. Está, isto sim, manifestando sua incapacidade de viver em comunidade, de entender a saúde pública como um bem coletivo e de compreender que, na democracia, não há direitos absolutos.

Respeito ao contrato social, reconhecimento do outro e sentido de solidariedade são valores fundamentais para quem vive numa comunidade – e só não sabem disso os egoístas, osególatras e os defensores do darwinismo social. Com a negação da ciência e o desprezo pelos cientistas, quem os ignorantes de todo gênero imaginam ser os mais aptos a assegurar a imunização da população – algum líder religioso avesso à ciência ou um ministro-general que comanda o sistema nacional de saúde que ele mesmo declara desconhecer?

Como lembra Daniel Innerarity, o avanço da ciência não torna a política desnecessária, uma vez que o desenvolvimento científico sempre resulta em novas exigências normativas e em novos padrões de regulação. Assim, os critérios para decidir sobre a qualidade e a relevância do saber científico não são definidos exclusivamente pela ciência. São definidos, também, pelos contextos em que esse saber é aplicado, com suas lógicas sociais, políticas e econômicas. Por isso, a produção, a difusão e a aplicação do saber científico pressupõem obrigações de legitimação, em virtude das quais ele acaba se convertendo numa questão política.

Também por isso, o aumento do saber científico nem sempre leva ao fortalecimento do consenso. Pelo contrário, muitas vezes aumenta o dissenso, municiando-o com novos argumentos. A história aponta inúmeros casos em que as decisões políticas não são necessariamente impostas e justificadas de modo racional e consensual, mas por meio de divergências profundas. O fato é que toda inovação cientifica encerra riscos, motivo pelo qual, quando uma sociedade tem de decidir se quer se expor a esses riscos, esta acaba sendo uma decisão política.

Na democracia, as sociedades são obrigadas a debater o que se sabe, o que não se sabe e também formas incompletas de saber, com base nas quais serão tomadas as decisões coletivas. O desafio que elas têm de enfrentar é aprender a administrar incertezas que nunca podem ser inteiramente afastadas e convertidas em riscos calculáveis. No mundo contemporâneo, as sociedades precisam aprofundar não apenas a competência para solucionar problemas identificados, mas, igualmente, necessitam aprender a reagir com sensatez e prudência ao inesperado.

É importante lembrar, ainda, um dado óbvio: a democracia não é um governo de cientistas, mas de parlamentares e dirigentes governamentais eleitos pelo voto direito e que precisam articular apoios e construir consensos, para aprovar leis e políticas públicas. Dos eleitos não se exige formação técnica nem conhecimento científico. Mas, independentemente de seu preparo ou despreparo, numa sociedade plural, marcada pela diversidade de atores e interlocutores políticos e de níveis de governo, eles têm de ter responsabilidade, prudência e sensatez. Têm de saber negociar e ter a consciência de que, quanto mais complexo é o problema que têm de gerir e mais difícil é a decisão que têm de tomar, mais precisarão de estratégias.

Para que possam escolhê-las, necessitam de assessorias competentes, capazes de apresentar alternativas com a devida fundamentação técnica e com a avaliação das consequências, dos riscos e das oportunidades de sucesso de cada uma delas. Além disso, é preciso dispor de um aparato administrativo qualificado e bem organizado para implementar e executar as decisões tomadas – sejam quais forem.

Por fim, num período de pandemia, que, como a própria palavra denota, ultrapassa os limites tradicionais da jurisdição dos Estados nacionais, tornam-se imperiosas a inteligência coletiva e uma articulação eficiente no plano internacional. E isso exige não apenas atitudes cooperativas, mas confiança entre os países – um ativo altamente valioso em dias de incertezas e medo.

Como o saber científico nem sempre é eficiente frente a situações complexas e voláteis, o compartilhamento de informações é o principal fator de unidade de um mundo em que todos estão ameaçados. Igualmente, como as respostas da ciência ao vírus podem ter efeitos que os próprios cientistas não conhecem, isso também implica experimentação e inovação compartilhadas.

Transformar informação em conhecimento, tentar antecipar riscos, administrar a ignorância e articular diferentes lógicas de diferentes sistemas – político, econômico, social, científico, médico ou ambiental – com códigos próprios, que se relacionam por meio de influências recíprocas, converte-se, assim, num desafio de alcance transterritorial. É nesse momento, portanto, que a gestão governamental perde a exclusividade de seu enquadramento nos marcos político-jurídicos do Estado-nação, estendendo-se para contextos globais.

Dada a necessidade de garantir a provisão de bens comuns, a capacidade de gestão dos Estados nacionais tende a ficar mais sujeita a dependências internacionais, à difusão do poder numa arquitetura política multinível e à expansão da capacidade regulatória de organismos multilaterais – como é o caso da Organização Mundial de Saúde. A imagem externa de cada país torna-se, então, fundamental.

Nesse sentido, que confiança a comunidade internacional pode ter em países cujos governantes são políticos populistas que negam a ciência e confundem o relacionamento institucional entre Estados com afinidades ideológicas entre eventuais governantes? A resposta é óbvia. Governantes preparados sabem a importância do chamado *soft power*, ou seja, a habilidade de um governo para influenciar indiretamente os interesses de governos de outros países por meios que vão da autoridade amealhada pela sensatez dos argumentos à reputação, da qualidade do fluxo de informações à composição das agendas, do respeito ao que é pactuado sob a forma de convênios e convenções à afirmação de valores culturais. Esses meios incluem atos e iniciativas capazes de conquistar a opinião pública global por sua sensatez, articulação e novidade.

Governantes que caminham nessa linha são ouvidos e seus interesses e propostas são analisados com seriedade. Já os países cujos governantes são populistas, demagogos e bufões, primando pelo cinismo e por falsas espertezas, são convertidos em párias na comunidade internacional. Não têm respeitabilidade nem influência. São irresponsáveis e inconsequentes. São voluntaristas e insensatos. São comandantes que, por não saber a que porto querem dirigir a nação, nenhum vento lhes será favorável.

8. A JUSTIÇA, A PANDEMIA E O RETORNO DA INFLAÇÃO

Entre os diferentes focos de atenção dos observadores dos tribunais brasileiros, dois merecem destaque. O primeiro é o aumento significativo do número de ações judiciais decorrentes das crises econômica e de saúde pública causadas pela pandemia, com forte impacto na formulação de programas de imunização, na implementação de políticas isolamento e na utilização de tecnologia de alto custo pelas áreas sanitárias e médica da máquina governamental. A segunda é o retorno da inflação à agenda política e econômica do país.

Começo pelo primeiro problema. Desde o avanço da Covid-19 e da subsequente queda no nível de atividade econômica, o número de ações nas varas especializadas em recuperação de empresas cresce significativamente. O mesmo também vem ocorrendo nas varas trabalhistas. Como o que cresce em quantidade muda de qualidade, não é só o aumento quantitativo de processos que chama a atenção, mas, também, as questões jurídicas que eles envolvem. Uma dessas questões, por exemplo, é relativa a uma nova prorrogação das medidas emergenciais. Se isso ocorrer, até que ponto o que foi pensado como medida de caráter excepcional não pode acabar sendo perenizado, colidindo desse modo com a legislação que estava em vigor antes da eclosão da pandemia? Outra questão diz respeito à interpretação das normas que os juízes têm de aplicar. Como devem lidar com demandas urgentes e problemas jurídicos inéditos criados pela pandemia, aplicando leis que foram concebidas para tempos normais?

No caso das varas de recuperação judicial, vem aumentando o número de empresas com dificuldades financeiras que invocam nos tribunais o princípio da força maior para justificar o não cumprimento das obrigações contratuais. O problema é que, se a Justiça acolher esse argumento de modo indiscriminado, o descumprimento dos contratos pode provocar um efeito dominó, travando as cadeias produtivas e desorganizando o setor privado. O mesmo poderá ocorrer no âmbito das concessionárias de serviços públicos, dependendo do modo como os tribunais interpretarem o princípio da força maior. Se uma distribuidora de energia não pagar a geradora, todo o setor elétrico será afetado.

No caso das varas trabalhistas, do início da pandemia até agora elas já receberam cerca de 138 mil reclamações, no valor global de R$ 15 bilhões. A maioria dessas ações envolve a Medida Provisória 936 e a Lei nº 14.020/2020, dela originada, que permitiram às empresas suspender contratos de trabalho ou reduzir jornada e salário de seus empregados. Em troca, elas se comprometiam a não demiti-los por um período igual ao da vigência da suspensão de contrato ou da redução salarial, sob pena de pagar indenização extra.

Quase 1,5 milhão de empregadores assinaram acordos desse tipo. No entanto, como a pandemia foi se prolongando, essa medida já foi prorrogada três vezes pelo governo. Com isso, empregados que firmaram o acordo no começo da pandemia e acabaram ficando com contrato de trabalho suspenso ou a jornada reduzida até dezembro de 2020, por causa dessas prorrogações, terão garantia de emprego até agosto de 2021.

O problema é que, entre o primeiro e o segundo semestres de 2020, várias empresas tiveram suas dificuldades aumentadas, perdendo a condição de bancar essa garantia. Por falta de alternativa, estão sendo obrigadas a demitir e a dúvida agora é calcular a indenização extra. Assim, o que começou como uma importante medida de natureza social converteu-se, com a duração da pandemia por mais tempo do que se esperava, num problema de sobrevivência das empresas e, por consequência, da própria manutenção dos empregos.

Vejamos agora o segundo problema, relativo ao regresso da inflação à agenda política. Como, desde o advento do Plano Real, em 1994, a inflação tem sido mantida sob controle, as novas gerações de juízes não têm ideia dos problemas que ela pode acarretar. Esses problemas, que travaram por anos o crescimento da economia brasileira, podem ser vistos em três dimensões – a econômica, a política e a social.

No plano econômico, por exemplo, uma inflação alta tende a reduzir a capacidade de geração de recursos das empresas, corroer o poder de compra dos assalariados, inibir investimentos, provocar fuga de capitais e gerar impasses entre interesses empresariais de curto prazo e interesses públicos de longo prazo. Também costuma reduzir a capacidade de investimento do poder público e prejudicar o papel do Estado de planejador, organizador e indutor da atividade econômica.

No plano político, uma inflação alta tende a desorganizar a máquina governamental. Entre outros motivos, porque a desvalorização da moeda, a perda de capacidade de arrecadação e o déficit fiscal afetam o orçamento da União, deflagrando uma competição por recursos escassos entre os diferentes setores da administração pública e das diversas corporações do funcionalismo, bem como comprometendo a eficiência do Estado na oferta de serviços essenciais.

O resultado, como foi evidenciado em toda a década de 1980, especialmente nos governos Figueiredo e Sarney, é a paralisia do processo decisório. Para tentar destravá-lo, os presidentes lançaram pacotes econômicos que, além de não terem dado os resultados esperados, intervieram em atos juridicamente perfeitos, disseminando insegurança jurídica e acarretando uma enxurrada de ações de ressarcimento impetradas por cidadãos e empresas.

No plano social, a inflação leva ao descompasso entre os anseios e as expectativas da população, por um lado, e o que o poder público consegue oferecer, por outro. Também tende a acarretar concentração de renda e, por consequência, aumento da desigualdade social, abrindo com isso caminho para acirramento ideológico, para comportamentos oportunistas e para o risco do populismo.

Todos esses problemas podem ser agravados ainda pelo fato de o governo vir agindo de modo confuso em matéria de política econômica. Em meio a um quadro de pandemia, deterioração fiscal, ausência de prioridades e conflitos entre a área econômica "ultraliberal" e a chamada ala "desenvolvimentista", ele parece perdido. Sem propostas consistentes de reformas estruturais, limita-se a defender a criação de um imposto nos moldes da antiga CPMF, que desorganiza as cadeias produtivas. E também não vem conseguindo destravar investimentos que ainda permanecem viáveis em setores importantes da economia. Por fim, por não ter conseguido deter o crescimento da dívida pública, o Tesouro vem enfrentando problemas para emitir títulos de longo prazo a juros aceitáveis.

É por isso que, depois de quase duas décadas e meia, o aumento da inflação e a subsequente lembrança dos graves problemas que ela costuma causar estão retornando à agenda da vida política e a dúvida é saber como a atual geração de magistrados lidará com essa simbiose entre aumento expressivo do número de ações judiciais, questões jurídicas novas que exigem conhecimento mínimo dos fundamentos econômicos e compreensão do potencial corrosivo da inflação para o cumprimento das obrigações contratuais.

Evidentemente, em tempos de pandemia não se pode exigir da Justiça o que, dados sua arquitetura institucional, sua lógica decisória e o nível de desconhecimento do potencial disruptivo da inflação pelos operadores jurídicos, ela não tem condições de produzir no curto prazo. Em tempos normais, os tribunais já enfrentam problemas para combinar estabilidade jurisprudencial com adaptabilidade às mudanças econômicas e sociais.

Esse é um desafio difícil, pois, se os juízes privilegiarem a estabilidade, a ordem jurídica é ultrapassada pelo tempo. E, se priorizarem a adaptabilidade, mudando incessantemente as leis em vigor ao reinterpretá-las num período de crescimento da inflação, elas correm o risco de se perder como referencial normativo para balizar as expectativas da sociedade.

9. RISCOS, INCERTEZAS E DEMOCRACIA

Há mais de cem anos, o economista americano Frank Knight fez uma distinção entre risco e incerteza que é válida até hoje. O conceito de risco se restringe a situações em que possíveis desfechos futuros são mensuráveis e, por consequência, previsíveis, diz ele. Já a incerteza se refere a situações em que não se conhecem as probabilidades nem os desfechos futuros são mensuráveis. Por isso, ela envolve acontecimentos cujos efeitos não são conversíveis em riscos calculáveis.

Assim, se com relação aos riscos de algum modo é possível preparar-se para as surpresas deles advindas, com as incertezas isso é impossível. Que capacidade têm então os governos de gerir situações de incerteza e de preparar a sociedade paras as surpresas que a esperam? Como todas as incertezas, a pandemia trouxe vários problemas que nos surpreenderam e para os quais ainda não temos respostas plausíveis. Neste texto, destaco três problemas.

O primeiro está na interface entre poder político e conhecimento científico. Em face do incerto, do desconhecido, do não mensurável e do incontrolável, essa tensão entre o processo de tomada de decisões políticas e um saber científico disponível ainda insuficiente está levando as instituições governamentais a sofrerem mudanças estruturais. Elas estão passando de um período em que estavam acostumadas a tomar decisões, a emitir ordens e a comandar com base em saberes e rotinas bem estabelecidas para um período em que agora devem se dedicar a aprender, ao mesmo tempo em que decidem, de forma experimental e reversível, uma vez que os sistemas e instrumentos de previsão, prevenção, antecipação e precaução têm se revelado limitados.

Em tempos de mercados conectados e inovações técnico-científicas emergentes cujas consequências ainda são imprevistas, ou não são de todo controláveis, as instituições governamentais têm enfrentado crescente dificuldade para identificar pequenas mudanças que ocorrem em um sistema social ou econômico e que vão, com o tempo, convertendo-se em grandes transformações, com efeitos cascata e riscos encadeados. Já estressadas pela queda abrupta do nível de atividade econômica e pelo aumento do desemprego e da pobreza, as instituições parecem ter cada vez menos respostas para problemas complexos.

Diante de tantas incertezas trazidas pela pandemia, e como experiências passadas não ajudam muito na orientação de decisões atuais, o desafio é investir em conhecimento futuro e inteligência compartilhada, afirmam filósofos e cientistas políticos. Contudo, esse caminho tem uma faceta paradoxal: se os problemas socioeconômicos vitais hoje exigem uma alta dose de conhecimento científico para serem enfrentados, uma virtude carente entre os políticos, a política só passa ser possível por meio de um recurso contínuo ao saber especializado.

Além disso, a tensão entre saber científico e poder político abre caminho para uma nova situação, em que as autoridades públicas carecem de conhecimento técnico-científico, enquanto as autoridades privadas, que têm esse conhecimento, carecem de legitimidade política. Dito de outro modo, quem pode e tem legitimidade, não sabe. E, quem sabe, não tem poder nem legitimidade. Nesse contexto, emergem questões envolvendo finanças, comércio e proteção ambiental, que são demasiadamente importantes para serem entregues a organizações privadas e demasiadamente sofisticadas para serem geridas por máquinas governamentais tradicionais.

Já o segundo problema está no fato de que muitas medidas tomadas pelos Estados nacionais sob a justificativa de combater a pandemia e preservar a saúde pública estão trazendo várias dificuldades à democracia e aos direitos humanos. Na medida em que ampliam o poder de militares e a vigilância sobre cidadãos, por exemplo, levam a uma tendência de banalização da urgência do presente e de desinstitucionalização do social, sob a forma de cerceamento da liberdade de expressão e de restrições de circulação crescentes e de prazo indefinido.

Como na narrativa do filme *O ovo da serpente*, de Bergman, o perigo é que medidas jurídicas adotadas em caráter excepcional e justificadas em nome de estado de necessidade ou de estado de emergência acabem se convertendo na situação normal da democracia. O risco, em outras palavras, é que o excepcional se sobreponha ao normal – ou seja, que o constitucionalismo democrático, concebido para "tempos normais", seja perenizado por um constitucionalismo de exceção marcado pela suspensão de direitos, pela aplicação seletiva de direitos e pela restrição do acesso aos tribunais para a defesa de direitos previstos pela ordem legal.

Por fim, o terceiro problema diz respeito ao alcance da pandemia e a seu impacto no fortalecimento de um novo padrão de governança global. Por ter um caráter transterritorial, a pandemia acelerou a relativização de conceitos e princípios que já vinham sendo impactados pela mundialização da economia, levando o Estado nacional a passar de uma posição central e dominante para uma posição de compartilhamento de parcerias em conjunto com diferentes atores públicos e privados.

É esse, por exemplo, o caso do princípio da soberania, que hoje tem um caráter paradoxal, por se encontrar a um só tempo dentro e fora da ordem política nacional. Nesse sentido, a passagem do paradigma estatal da governabilidade para o conceito de governança interliga-se com uma orientação na qual o direito já não é concebido como elemento de um modelo na pirâmide da regulação política, mas tem por base uma concepção flexível, negociada, relativista e pragmática de ordem jurídica. Assim, à medida que a interdependência entre Estados nacionais e organismos multilaterais, organizações financeiras internacionais e agências de classificação de risco vai aumentando, do mesmo modo como as fronteiras vão se tornando mais difusas e ganhando identidades múltiplas e porosas, a produção jurídica tende a se deslocar para instâncias não legislativas.

Igualmente, os mecanismos deliberativos da democracia vão sendo substituídos por sistemas de peritagem. A titularidade dos parlamentos também se desloca progressivamente para sistemas intergovernamentais e para comunidades epistêmicas, integradas por especialistas, consultores, centros de pesquisas e *think tanks*. Comum à concepção moderna de Estado de Direito, o reducionismo do direito ao Direito Positivo e, deste, ao Direito Constitucional cede vez a um pluralismo jurídico constituído pelos processos de transterritorialização dos mercados, de europeização e de mudança social, sob a forma de uma nova *lex mercatoria*, direitos transnacionais, códigos de ética corporativa e mecanismos alternativos de resolução dos conflitos. Por fim, a exaustão funcional das categorias e procedimentos tracionais de direito exige novas formatações jurídicas com base em domínios transversais e transdisciplinares do conhecimento jurídico.

Desse modo, se governar no período de formação dos Estados nacionais envolvia o problema do poder e a imposição de uma ordem, governar agora, neste período de pandemia e de interações complexas, é administrar a impotência, é promover uma gestão coletiva das incertezas. Em termos concretos, isso significa aprender a conviver com bifurcações, rupturas e riscos. Também exige instituições governamentais capazes de reconhecer quer o potencial, quer as limitações do conhecimento. E ainda implica sistemas híbridos de governança, que incluem uma combinatória entre autorregulação, por um lado, e supervisão pública, por outro.

Na realidade, a pandemia mostrou o preço amargo da crescente uniformização das políticas econômicas nacionais adotadas nas três últimas décadas, decorrente da globalização dos mercados. Por estarem voltadas basicamente a resultados de curto prazo, ao máximo de lucro possível no menor tempo, essas políticas corroeram os mecanismos de planejamento de médio e longo prazo, fundadas em processos de mobilização de capitais e de distribuição ótima de recursos e meios a partir de objetivos dados, cuja fixação decorre de vontade política orientada por um projeto.

Na Europa, por exemplo, os países mais atingidos pela pandemia foram os que tinham, após a crise financeira de 2008, seguido o receituário de forte austeridade fiscal imposto pelo Fundo Monetário Internacional, pelo Banco Mundial e pelo Banco Central Europeu, que incluiu, entre outras medidas, redução de políticas econômicas anticíclicas e transferência de serviços essenciais para o mercado, convertendo-os em negócios para a iniciativa privada. Por isso, a pandemia pegou esses países em um período de fragilização do sistema público de saúde pública e das redes de proteção dos mais penalizados pelas consequências daquela crise, que ficaram sem condições de arcar com planos de assistência médica.

Combalidas as políticas públicas nacionais, a começar pelas econômicas, também a governança internacional se mostrou frágil, como revela a falta de acordos abrangentes para a produção e disponibilização de vacinas como um bem público global em condições de ser distribuído equitativamente entre os vários países e populações. Pelo contrário, as relações de força, as assimetrias econômicas e tecnológicas e as pressões geopolíticas parecem ter configurado um cenário mais de anarquia e oportunismo que de solidariedade institucionalizada por um direito global e pelas organizações internacionais.

Se os três problemas aqui apontados já são difíceis de serem enfrentados em democracias consolidadas, nas quais cidadãos impactados por uma decisão governamental devem poder dela participar, o que dizer então com relação a países em que a democracia ainda não é sólida e o governo é inepto, inconsequente e irresponsável?

10. DIREITOS E PRINCÍPIOS CONSTITUCIONAIS NA FASE VERMELHA

Qual é o alcance dos direitos em tempos incertos de pandemia? Essa indagação foi suscitada por um dono de um bar da moda de Vila Madalena que, criticando o reingresso de São Paulo na fase vermelha, disse ter "o direito de trabalhar", tendo sido secundado por sua clientela jovem e de classe média, que afirmou ter o "direito ao lazer". Todos também disseram que a Constituição garante, no inciso XV de seu artigo 5º, o direito de ir e vir – o chamado direito de locomoção.

Os argumentos foram refutados pelo poder público, sob a alegação de que (a) direitos fundamentais não são absolutos, (b) o direito à saúde é indisponível e (c) se a administração pública em suas diferentes instâncias tem a obrigação de não medir esforços para assegurar a "manutenção da vida", como determinam os artigos 196, 197 e 198 da Constituição, inclusive tomando medidas restritivas drásticas de isolamento social, ela pode impor restrições sanitárias para evitar nova propagação do vírus.

O alcance dos direitos é um tema clássico da filosofia política desde o século 17, quando os contratualistas resgataram postulados da tradição grega para desenvolver suas concepções de contrato social no âmbito da sociedade moderna. Se para um liberal como John Locke o Estado era visto como mediador, que se propunha a centralizar um poder ou uma verdade, para Thomas Hobbes, por ser o homem egoísta e almejar seus interesses pela força, só um Estado capaz de monopolizar essa força conseguiria evitar a barbárie, assegurar um viver em paz entre os homens e garantir uma defesa comum.

Vistas à luz do bem comum, as restrições impostas pelo poder público ao funcionamento de bares, restaurantes e shoppings são justificáveis, na medida em que, ao conter a liberdade de ir e vir de jovens inconsequentes e insensatos, elas evitam a contaminação do resto da população. Vistas à luz de cada cidadão, essas restrições são abusivas, como se a responsabilidade pela saúde pública de todos nada tivesse a ver com as liberdades individuais.

Mais restrição ou menos restrição, mais Estado ou mais individualidade – o que deve prevalecer hoje, em tempos anormais, três séculos após as contribuições ao tema de Hobbes, Locke e Rousseau? Aqueles que aceitam maior intervenção do poder público afirmam que a liberdade não consiste na ausência de interferências, implicando "dominação" – isto é, o exercício legítimo do monopólio da força ou da violência pelo Estado.

Por consequência, se nos tempos de pandemia muitos jovens querem maximizar suas liberdades, aglomerando-se em bares, no caso da classe média, ou em pancadões, no caso dos jovens das periferias, o poder público não tem outra saída a não ser vedar que o comportamento inconsequente e insensato de alguns coloque em risco a vida dos demais – até porque, nesse caso, não haveria liberdade possível, mas uma mortandade. Já os defensores da liberdade individual como princípio supremo refutam o argumento, alegando que ninguém tem autoridade para dizer o que cada um pode e não pode fazer. Também afirmam que crises, como a de saúde pública, não devem servir de justificativa para a afirmação de um poder desmedido, independentemente da gravidade da pandemia.

Curiosamente, essa discussão está presa a duas tradições histórico-geográficas. Uma, de caráter liberal, é a americana, já que os Estados Unidos, como já notara Tocqueville no começo do século 19, sempre teriam valorizado a liberdade individual muito mais do que a autoridade estatal. A outra tradição, de caráter republicano, é a europeia: a transferência da soberania do povo para o poder público há tempos é algo normal na cultura política da Europa ocidental. De certo modo, isso explica, por exemplo, porque os americanos tendem a aceitar a liberação do uso de armas em nome da autodefesa e a reagir contrariamente à tributação progressiva, defendendo a hiper-responsabilização dos indivíduos, sob o argumento de cada um pode definir seu próprio destino e deve saber cuidar de si. Explica, igualmente, porque os europeus tendem a aceitar um sistema único de saúde, seguros médicos universais e previdência pública.

Na visão liberal mais radical ou extrema, a sociedade corresponderia a um conjunto de indivíduos autossuficientes, motivo pelo qual suas respectivas trajetórias de vida dependeriam basicamente de seus méritos, de seus esforços, de seus defeitos, e não de fatores socioeconômicos. Nesta visão, ainda, a ideia de bem comum envolveria a agregação de interesses por meio do mercado. Já na segunda visão, a republicana, a vontade geral vai muito além da mera soma das vontades individuais, exigindo, por exemplo, intervenção de braços do Estado, seja para neutralizar eventuais impasses decorrentes da colisão entre princípios constitucionais, seja para reduzir desigualdades econômicas e sociais causadas pelo mercado. Nesta perspectiva, se por um lado existe a liberdade de sair de casa e flanar pelos espaços públicos, por outro isso não implica a liberdade para infectar, para contaminar. Ou seja, há um sentido de responsabilidade maior que limita a própria liberdade de locomoção, como forma de defender o interesse geral – no caso, deter o avanço da pandemia.

Retomando o que disse o dono do bar de Vila Madalena no sentido de que tem o "direito de trabalhar", e o que afirmaram seus clientes, no sentido de que têm "direito ao lazer", todos pecam num ponto. Não percebem, por limitações reflexivas, ou não querem perceber, por egoísmo e egocentrismo, que a simples imposição da vontade de uns sobre a vontade de outros pode levar à postura arbitrária de reivindicar como liberdade a realização de atividades que põem em risco a vida coletiva.

A tradição republicana não se limita a restringir a interferência dos outros sobre a própria liberdade. Ela vai além, procurando viabilizar o equilíbrio entre a liberdade de cada indivíduo e a liberdade de outros. Se para os liberais extremados os homens são livres quando não existem restrições, para os republicanos não se pode falar em liberdade enquanto as condições substantivas mínimas para seu exercício estiverem minadas por desigualdades sociais e econômicas cuja superação só pode ser obtida por meio de ações do poder público com o objetivo de criar fontes compensatórias de emprego, de corrigir, por meios fiscais, formas abusivas de consumo e de adotar programas eficientes de educação e imunização.

Essas são as fragilidades dos liberais extremados. De um lado, não conseguem aceitar que, do ponto de vista de sua condição socioeconômica, os homens não são iguais. De outro, não conseguem perceber o alto custo social das políticas econômicas liberais que, submetendo-se à disciplina da acumulação ilimitada de riqueza abstrata, há muitos anos vêm diminuindo a capacidade do Estado de intervir na correção das distorções estruturais da sociedade, entreabrindo, no limite, a justificativa de um certo darwinismo social.

Por isso, se o poder público tem a obrigação de justificar eventuais restrições de liberdades apontando sua utilidade como medida sanitária, os cidadãos que defendem o "direito de trabalhar" e o "direito ao lazer" também têm de demonstrar que suas aspirações são compatíveis com o objetivo geral de conter a pandemia. Para estes, não há liberdade, mas mero arbítrio, se o exercício de suas vontades reduzir os demais à impotência de estarem submetidos a uma ampliação do contágio, exponenciando o risco sanitário que a todos afeta, ainda que em diferentes graus. Se esses cuidados mínimos forem desprezados, o termo liberdade correrá o risco de perder sentido, na medida em que será aplicável a qualquer coisa – inclusive como pretexto para governantes genocidas que a invocam para justificar o direito que a população tem de não se vacinar.

11. O *ETHOS* DAS FORÇAS ARMADAS E A BANALIDADE DO MAL

Dois dias após o presidente Jair Bolsonaro ter pronunciado numa simples churrascaria a mais escatológica de suas manifestações em dois anos de mandato, um general da reserva recém-nomeado como assessor especializado do Ministério da Saúde fez uma declaração imprópria, que entreabre a falta de compaixão pelo próximo. Falando na Câmara dos Deputados sobre a crise sanitária de Manaus, ele afirmou que havia quase 600 pacientes de Covid-19 na fila de atendimento e disse que, se a situação se agravar, eles morreriam "na rua". A pasta, vale lembrar, é chefiada por um general da ativa especializado em logística.

"O gargalo da crise sanitária de Manaus está no oxigênio" – explicou o general, com frieza e incapacidade de comiseração. "Abre o leito, bota o paciente e ele vai morrer asfixiado no leito. E aí, vai adiantar abrir o leito?" Também confessou que o governo Bolsonaro, apesar de saber da tragédia que se desenhava no Estado do Amazonas desde o final de dezembro, preferiu esperar "alguns dias" por causa da transição dos prefeitos. "Ficaria muito ruim irmos para Manaus e encontrar uma administração municipal que dois dias depois estaria toda sendo substituída. Haveria prejuízo (sic) muito significativo a qualquer atividade que fosse feita", concluiu.

Essas duas manifestações, a do presidente e a do general-assessor de um general-ministro *soi disant* especialista em logística, suscitam uma indagação sobre a formação técnica e intelectual dos quadros militares do país. Que existem oficiais de alta patente sérios, preparados e competentes, não há dúvida. Mas o que explica o fato de as exceções serem tão aberrantes? O que justifica serem tão flagrantemente ineptos aqueles que foram levados a integrar o governo para sinalizar que o país está em guerra contra a pandemia? O que explica a catalisação, na cúpula do poder, do que há de mais medíocre nas corporações militares? E qual é o *ethos* desse pessoal?

O comportamento do presidente só pode ser devidamente analisado por psiquiatras. Já a análise da fala do general-assessor e a atuação do general-ministro especialista em logística, todos à primeira vista indiferentes ao sofrimento alheio, pode ser feita por quem conhece filosofia, sociologia, ciência política e que, apesar de não ser especialista em assuntos militares, já leu alguns livros clássicos na área, como por exemplo, *O soldado profissional*, do sociólogo Morris Janowitz (1919-1988), e *O soldado e o Estado*, do cientista político Samuel Huntington (1927-2008).

A atuação desastrosa dos militares levados ao governo por Bolsonaro, quando vista sob o ângulo de como enfrentam a crise sanitária de Manaus e de como tratam das vítimas agonizantes por asfixia, vendo-as não como tragédia humanitária mas só com a preocupação fiscalista de evitar "prejuízos", não é apenas crime de responsabilidade, ao qual a legislação comina a sanção de *impeachment*. É algo que vai muito além, uma vez que a inépcia e a irresponsabilidade são generalizadas. Ou seja, além de sua faceta técnico-jurídica, entreaberta pelo inquérito aberto pela Polícia Federal por determinação do Supremo Tribunal Federal para apurar a responsabilidade do ministro da Saúde na crise sanitária amazonense, a questão tem uma dimensão moral.

Saber em que medida esta dimensão implica uma cultura genocida é um dos lados do problema. O outro lado é o fato de que a preocupação calculista para atrasar por "alguns dias" o enfrentamento do problema da falta de oxigênio em Manaus, pressupondo uma compensação cruel de aceitar um certo número de mortes por asfixia desde que prejuízos maiores fossem evitados, envolve toda a cadeia de comando dos militares à frente do Ministério da Saúde. É justamente aí que se inserem as perguntas sobre o *ethos* desse pessoal, que por determinação presidencial continua recomendando medicações contra a Covid-19 sem fundamento médico. Surge também a dúvida sobre se essa deformação pode ser identificada nos demais segmentos das corporações militares.

Parto da premissa de que o problema parece estar circunscrito apenas à cadeia de comando que começa no Planalto e vai descendo as hierarquias da área da pasta da Saúde. E, se no plano técnico-jurídico a discussão é saber se os militares envolvidos cometeram um crime doloso (intencional) ou um crime culposo (decorrente de imperícia, imprudência ou irresponsabilidade), no plano ético não há como se deixar de lado as análises sobre a banalidade do mal feitas há mais de meio século por Hannah Arendt (1906-1975), ao cobrir para a revista *The New Yorker* o julgamento de Adolf Eichmann, em Jerusalém, em 1961, o qual culminou em pena de morte por enforcamento.

Raptado pelo serviço secreto israelita na Argentina em 1960, Eichmann foi um militar alemão situado no meio da cadeia de comando no setor da máquina nazista encarregado da "solução final" da "questão judaica" – o plano de remoção, por assassinato em campos de extermínio, da população judaica que vivia nos territórios ocupados pela Alemanha hitlerista durante a segunda guerra. Especialista em logística, Eichmann era um dos responsáveis pelo transporte de judeus para os campos de concentração. Portanto, cumpria ordens – e as ordens que dava e as medidas que tomava, levando milhões de pessoas a diferentes formas de tortura e à morte, eram por sua vez balizadas por uma série de outros comandos, emanados de seus superiores. Na contramão dos que o acusavam de ser criminoso por ser nazista, Arendt concentrou a atenção não nesse ponto, mas na análise de pessoas incapazes de pensar por si e que, quando integram um aparato de poder, agem apenas como funcionários diligentes. Cumprem ordens sem discuti-las, sem julgá-las.

Nesse sentido, a banalidade do mal decorreria não de uma premeditação da violência, mas, sim, da mediocridade implícita na incapacidade de reflexão que se instala em espaços institucionais. Eichmann não foi perverso, doentio, enraivecido e antissemita – pelo contrário, destacava-se por ser educado e comum – "assustadoramente normal", dizia Arendt. Porém, era incapaz de discutir o certo e o errado, de resistir às ordens que recebia e cumpria e de avaliar moralmente o que de fato fazia e as consequências trágicas de seus atos administrativos; apenas se orgulhava de executar corretamente suas tarefas. Faltava a ele não só alteridade, isto é, a capacidade de se colocar no lugar do outro, de interagir com a subjetividade de outra pessoa, mas, igualmente, a capacidade de pensar, afirmava Arendt. Seu problema não era a ignorância, mas ter internalizado o senso de que o que fazia era correto e com base na lei – o que, em decorrência, não lhe permitia ver os efeitos brutais de suas decisões, revelando assim o quão desconectado estava do sentido do que é ser humano.

Desse modo, sua dimensão cognitiva e moral foi corroída pela visão limitada e empobrecida de quem cumpre ordens irrestritamente. Quando um burocrata não assume a iniciativa própria de seus atos ou quando uma multidão numa sociedade massificada se revela incapaz de fazer julgamentos morais, aceitando e cumprindo ordens sem questionar, distanciando-se assim de sua essência humana, o mal se torna banal, afirma Arendt. "Do ponto de vista de nossas instituições e de nossos padrões morais de julgamento, essa normalidade era muito mais apavorante do que todas as atrocidades juntas, pois implicava [...] um novo tipo de criminoso, [...] que comete seus crimes em circunstâncias que tornam praticamente impossível para ele saber ou sentir que está agindo de modo errado", concluía. As ideias apresentadas em seus cinco artigos no *The New Yorker* foram aprofundadas em um livro editado em 1963 que se tornou clássico: *Eichmann em Jerusalém – um relato sobre a banalidade do mal*. Evidentemente, os contextos históricos dos males cometidos pelo nazismo, de um lado, e pelos militares instalados no Palácio do Planalto e no Ministério da Saúde, de outro, são distintos. Mas, em ambos se visualiza a banalização do mal por impulso político e incentivo ideológico. Igualmente, em ambos fica evidenciado como essa banalidade retira a humanidade dos indivíduos, tornando-os incapacitados de compaixão pelo próximo. "Fizemos a nossa parte. Não é obrigação e dever da União levar oxigênio para Manaus", disse Bolsonaro. "Ficaria muito ruim irmos para Manaus e encontrar uma administração municipal que dois dias depois estaria toda sendo distribuída. Haveria um prejuízo significativo a qualquer atividade que fosse feita" – vale repetir o que disse o general reformado que assessora seu superior: o general da ativa especializado em logística no comando da pasta da Saúde.

As duas declarações, das quais emerge uma afronta à existência humana, dão a medida da importância e da atualidade de Hannah Arendt, notadamente quando afirma que o mal tem a ver com a liberdade de escolha do indivíduo, não sendo uma característica específica dele. Em princípio, os militares que estão na cadeia de comando na pasta da Saúde foram escolhidos por Bolsonaro à sua imagem e semelhança – ou seja, reveladora do ponto a que a barbárie humana pode envolver os indivíduos mais banais. Felizmente, e espero estar certo, esse não parece ser o *ethos* das corporações militares como instituição.

12. A OFENSIVA CONTRA A LIBERDADE DE PENSAMENTO, CÁTEDRA E PESQUISA

A mediocridade e a amoralidade revelam um lado do governo Bolsonaro. Já o risco de crescente regressão democrática e a crise de confiança nas instituições, alimentado por guerras de versões entre as autoridades políticas e as comunidades acadêmicas e cientificas, gerando desorientação e perda de referências por parte da sociedade, configura o outro lado. Em matéria de direitos políticos e de garantias fundamentais, alguns exemplos merecem especial destaque.

Veja-se o caso do Ministério da Educação (MEC): ele enviou um ofício às universidades federais informando que eventuais manifestações políticas protagonizadas por docentes e discentes configuram "imoralidade administrativa", sendo, portanto, passíveis de punição. Já a Controladoria Geral da União (CGU), acionada por um medíocre parlamentar vinculado ao bolsonarismo, investiu contra um ex-reitor e contra o pró-reitor de Cultura e Extensão da Universidade Federal de Pelotas, que criticaram Bolsonaro por desprezar a lista tríplice prevista em lei para a escolha de gestores universitários, levando-os a assinar um Termo de Ajustamento de Conduta.

Desse modo, se ficarem calados, deixando de exercer a liberdade de opinião e expressão garantida constitucionalmente, nada lhes acontecerá. Mas, se abrirem a boca, serão considerados "reincidentes" e, por isso mesmo, punidos. Por seu lado, a Secretaria Especial de Cultura do governo federal anunciou que somente liberará verbas para atividades culturais, com base na Lei de Incentivo à Cultura, se elas forem presenciais. Na prática, esse órgão joga produtores e artistas contra governadores que, contrários à política genocida do Planalto, recorrem a estratégias de isolamento social e restrições comerciais para tentar conter mais uma onda de contaminação da atual pandemia.

Por fim, o presidente do Instituto de Pesquisa Econômica Aplicada (IPEA), Carlos Von Doellinger, enviou aos diretores, pesquisadores e técnicos do órgão um ofício no qual informa que os estudos e pesquisas são direito patrimonial do órgão, motivo pelo qual só sua cúpula tem a prerrogativa de definir tanto o momento quanto a forma de sua divulgação. O ofício também trata das relações dos técnicos e pesquisadores do Ipea, que é vinculado ao Ministério da Economia, com os meios de comunicação. Diz que somente podem ser divulgados estudos e pesquisas após "conclusão e aprovação" pela direção do órgão. E ainda afirma que o descumprimento das novas diretrizes configura descumprimento de dever ético e infração disciplinar.

Segundo o Ipea, o objetivo do oficio foi evitar a publicação de estudos que "fragilizem a imagem externa da instituição". Mas com quais critérios? Esse é o problema. Afinal, o que poderá ser publicado aficará a cargo da Assessoria de Comunicação do Ipea, que terá a prerrogativa de controlar as entrevistas jornalísticas dos técnicos e pesquisadores e "disciplinar" suas publicações. O problema é que, como ela pode ser integrada por funcionários terceirizados e contar com coordenadores oriundos do setor privado, dificilmente esse pessoal tem isenção e conhecimento do que se sucede no órgão – mais precisamente, de sua produção interna de conhecimentos sobre políticas públicas, de suas práticas de investigação científica, de seu rigor metodológico e de sua liberdade no campo de estudos. Além disso, como essa Assessoria de Comunicação é subordinada à alta direção do Ipea, dependendo do modo como for formada e gerida, ela poderá exercer um controle político e ideológico do que deve ser divulgado e do que deve permanecer na gaveta, por não agradar os inquilinos do Palácio do Planalto. Contudo, essa iniciativa, que parece ter sido motivada pela disposição de evitar a publicação de pesquisas que não sejam convenientes para os interesses eleitorais do governo, tende a provocar justamente o inverso: em vez de preservar a "imagem, externa" do Ipea, como alega seu presidente, ela a macula. Desde sua criação, no primeiro ano da ditadura militar, o órgão sempre foi marcado pelo diálogo entre pesquisadores e dirigentes com orientações doutrinárias e ideológicas opostas, apesar de ter passado por períodos de tensões políticas, com eventuais tentativas de ingerências em eventuais publicações. Tendo atuado por volta de 1989 como colaborador de uma publicação do Ipea sobre o impacto socioeconômico da Constituição promulgada em outubro de 1988,[26] a convite do demógrafo George Martine, tive a oportunidade de testemunhar esse diálogo aberto por um curto momento. Uma prova dessa abertura está em um livro publicado pela Fundação Getulio Vargas em 2005, intitulado *Ipea 40 anos: uma trajetória voltada para o desenvolvimento*. Com quase 500 páginas, ele reúne depoimentos concedidos ao Centro de Pesquisa e Documentação Histórica Contemporânea do Brasil da Fundação Getulio Vargas (CPDOC-FGV) por economistas e sociólogos que presidiram o IPEA, ou ocuparam suas diretorias ou foram, ainda, responsáveis por importantes estudos, como João Paulo dos Reis Velloso, Albert Fishlow, Pedro Malan, Cláudio Moura Castro, Arthur Candal, Dorothea Werneck, Régis Bonelli, Henri Philippe Reichtsul, Edson Nunes, Roberto Cavalcanti de Albuquerque, Aspásia Camargo, Ricardo Paes de Barros, Fernando Rezende e Glauco Arbix, além do próprio Doellinger, entre outros.

---

[26] *Para Compreender a Década de 90*. Brasília: IPEA, 1989. A parte que me coube, nesse trabalho, é a relativa à efetividade das inovações introduzidas pela Constituição nas áreas econômica e social.

São gerações de profissionais que, ao longo destas quase seis décadas, atuaram na interação entre pesquisa e ação governamental, subsidiaram a formulação de políticas públicas de diferentes governos, defenderam estratégias de crescimento sustentado e socialmente justo e não deixaram de criticar erros cometidos por governos no campo econômico, inclusive nos anos mais sombrios da ditadura militar. O que marca a atuação do Ipea, como a publicação do CPDOC-FGV evidencia, é a incorporação dos avanços das fronteiras do conhecimento científico produzido por instituições universitárias. É o uso de conhecimento interdisciplinar na elaboração de modelos de análise. É o conjunto de relações profissionais interpessoais e parcerias interinstitucionais travadas e constituídas pelas diferentes gerações de pesquisadores. É a consciência da importância dos fluxos internacionais de ideias, professores e estudantes. É, enfim, a liberdade intelectual de um corpo técnico escolhido por critérios meritocráticos e não por enviesamento ideológico, que tem se revelado capaz de atender as demandas de planejamento governamental. O IPEA era uma ilha de liberdade de pensamento e seus presidentes e diretores protegiam brilhantemente a instituição, mesmo sendo um órgão criado pelo governo militar – disse, em seu depoimento, Cláudio Moura Castro, antigo técnico do órgão e com importante passagem na Capes, no Banco Mundial e no Banco Interamericano de Desenvolvido.

É por isso que não há outra forma de classificar a ofensiva do governo contra as liberdades de cátedra, de expressão e de pesquisa a não ser qualificando-a como mais uma regressão institucional de um governo incapaz de compreender que a universidade é um espaço em que há ensino e pesquisa baseados na dúvida metódica, na problematização do saber e na revisão contínua do conhecimento acumulado. A universidade é o *locus* não apenas de transmissão do conhecimento, mas, igualmente, de concentração de tensões em meio a processos de imaginação, de criatividade, de reflexão e maturação – processos esses que dependem da liberdade do mesmo modo como dependemos do oxigênio para viver.

Entreaberta pela tentativa do governo de inibir e intimidar críticos por meio de sindicâncias administrativas e ações judiciais e de evitar publicações que não endossem seu negacionismo científico, a ofensiva contra a liberdade de pensamento, cátedra e pesquisa dá a medida do nível de regressão institucional do país. Em seu primeiro ano de gestão, o atual governo investiu contra os órgãos de controle e fiscalização, como Coaf, Polícia Federal e Ministério Público Federal, para tentar desmontá-los. Em seu segundo ano, afrontou o Supremo Tribunal Federal, reivindicou instrumentos ditatoriais e iniciou um processo de aparelhamento dos tribunais superiores. E agora, no início do terceiro ano, tenta calar universidades e instituições de pesquisa insuspeitas, que sempre souberam cumprir seu papel de consciência crítica no mundo moderno.

Triste é o destino de um país dirigido por um governo chefiado por um ignaro tenente do Exército reformado com a patente de capitão e que, apesar de ter sido classificado como "mau soldado", paradoxalmente comanda um grupo de generais – a maioria inepta. Trata-se de gente que não tem ideia de que a legitimidade da Universidade moderna está baseada na conquista da autonomia do saber frente à religião e ao próprio poder do Estado. Trata-se de gente que acredita na capacidade de o poder público subjugar instituições voltadas ao conhecimento, negando determinados acontecimentos históricos e proibindo o ensino de teorias evolucionistas. Trata-se de gente que acha ser possível neutralizar a circulação de ideias, de experiências, de perspectivas e de inovações por meio de ameaças de sindicâncias administrativas e processos disciplinares, ignorando que ciência e política têm racionalidades distintas. Trata-se, em suma, de gente incapaz de saber que a universidade e os órgãos de pesquisa sempre seguiram uma lógica própria em matéria de formação, inovação, de reflexão, de transmissão e de questionamento, atividades em cuja essência está a liberdade de pensamento, de opinião e de expressão.

13. O SUPREMO, O DIREITO E AS CELEBRAÇÕES RELIGIOSAS

O voto dado pelo mais novo ministro do Supremo Tribunal Federal (STF), liberando missas, cultos e celebrações religiosas coletivas em tempos de pandemia, é mais uma comprovação do que já era perceptível há tempos: o abastardamento das instituições de controle do país.

Essa tem sido uma das diretrizes do atual governo. Desde seus primeiros dias, ele age de modo coerente, indicando para cargos estratégicos quem carece de currículo, mas aceita tomar tubaína e cumprir *missão* – qualquer que seja ela. Basta ver o que está ocorrendo no Ministério Público Federal, nos tribunais superiores e no próprio Supremo: a cada vaga que é aberta, assistimos a um cortejo de candidatos rastejando. Em sua maioria, são figuras medíocres e capazes de colocarem ambições pessoais e interesses espúrios à frente do bem comum. Nesse sentido, a lógica presidencial é explícita: quando o chefe do Executivo anuncia que só escolherá quem estiver "alinhado", ou seja, a quem se curvar à sua vontade, ele desmoraliza de saída quem aceitar participar dessa competição. Com isso, os "vencedores" humilham-se ao demonstrar que são mais servis do que seus adversários. Assim, o nome escolhido ingressa num grupo cujo papel é evitar que os órgãos de controle exerçam suas atribuições constitucionais.

No caso do Supremo, isso é ainda mais grave, uma vez que, com a redemocratização, a corte deixou de ter o papel subalterno que exercia nos tempos da ditadura e passou exercer o monopólio da arbitragem política no país. Quando um comandante militar fez pelo Twitter uma ameaçada disfarçada às vésperas do julgamento de uma ação contra um ex-presidente da República, em 2018, no fundo ele estava reconhecendo e legitimando esse monopólio.

Infelizmente, essa é uma das marcas da hipocrisia de Bolsonaro e de quem o cerca: o uso contraditório da liberdade de expressão e do direito de crítica com o objetivo de ameaçar as instituições democráticas e o império da lei. A presença em uma corte suprema de quem chega a ela por meio das regras do jogo com a missão de destruí-las é apenas mais um sinal dessa hipocrisia. Como também é outro sinal o fato de que as pessoas que se candidatam a essa tarefa são marcadas por uma formação primária e uma visão de mundo estreita, como se viu no voto do mais novo ministro do Supremo em favor da abertura de templos e da liberação de celebrações religiosas presenciais durante a pandemia. Ele desprezou não só a ordem legal, mas todas as recomendações dos especialistas em saúde pública. Em termos weberianos, pecou duplamente – em termos de racionalidade formal, convertendo seu voto numa algaravia jurídica, e de racionalidade substantiva, encarando a pandemia como fosse uma fatalidade divina.

Encarregado de aplicar leis, de saída relevou que a entidade autora da Arguição de Descumprimento de Preceito Fundamental – um grupo de operadores jurídicos *soi disant* evangélico e conservador – não tinha prerrogativa constitucional para tanto. Na linguagem dos processualistas, o ministro *conheceu de recurso* que, pela Constituição, não poderia ser aceito. Em segundo lugar, foi contraditório. Afinal, há dois meses ele participou de um julgamento em que, por unanimidade, o Supremo entendeu que não podem impetrar ações diretas de inconstitucionalidade entidades que não preenchem os requisitos estabelecidos pela Carta Magna. Em terceiro lugar, desprezou um dos princípios básicos do federalismo, que é o reconhecimento de que União, Estados e municípios têm competência concorrente em matéria de saúde pública. Em quarto lugar, ignorando o que é aprendido nas aulas de Introdução ao Direito e de Filosofia do Direito, sobrepôs a liberdade de culto aos direitos à vida e à saúde pública, sob a justificativa de que, em tempos pandêmicos, as pessoas precisam de conforto religioso. Todavia, que conforto é esse, se as pessoas que o buscarão são, justamente, aquelas que se contaminarão e, consequentemente, poderão ter sua vida ameaçada por causa da presença massiva em antigos cinemas e lojas comerciais convertidos em templos? Neste aspecto, particularmente, o mais novo ministro do Supremo deu a medida do risco que a sociedade corre decorrente de seu despreparo para o cargo. Se por um lado existe a liberdade de sair de casa, flanar por espaços públicos e participar de celebrações religiosas presenciais, por outro isso não implica a liberdade para infectar, para contaminar. Ou seja, há um sentido de responsabilidade maior que limita a própria liberdade de locomoção e de celebração religiosa, como forma de defender o interesse geral – no caso, em deter o avanço da pandemia.

O ministro também deixa de lado o fato de que, para as doutrinas mais importantes da Filosofia do Direito contemporânea, com John Rawls, Charles Taylor, Michael Sandel, Michael Walzer e Alasdair MacIntyre, não se pode falar em liberdade enquanto as condições substantivas mínimas para seu exercício estiverem minadas por desigualdades sociais e econômicas – desigualdades essas cuja superação só pode ser obtida por meio de ações do poder público com o objetivo de criar fontes compensatórias de emprego, de corrigir, por meios fiscais, formas abusivas de consumo e de adotar programas eficientes de educação e imunização.

O voto do ministro mostra, ainda, seu desconhecimento de noções elementares de Teoria do Estado, no sentido de que, se o poder público tem a obrigação de justificar eventuais restrições de liberdades apontando sua utilidade como medida sanitária, os cidadãos que defendem o "direito de trabalhar" e o "direito de rezar" presencialmente também têm de demonstrar que suas aspirações são compatíveis com o objetivo geral de conter a pandemia. Mas estes e seu inspirador, o presidente da República, não buscam liberdade, mas mero arbítrio.

Ao desprezar em seu voto esses cuidados mínimos e ao deixar clara sua monumental ignorância jurídica, o mais novo ministro do Supremo aprofundou o caminho para que o termo "liberdade" perca sentido em dias bolsonaristas, na medida em que ele é cada vez mais aplicável a qualquer coisa – inclusive como pretexto para governos insensíveis à condição humana que invocam a "liberdade" para justificar o direito que a população tem de não se vacinar e de participar de celebrações religiosas presenciais.

14. PANDEMIA E SAÚDE PÚBLICA: A NOVA OFENSIVA DA UNIÃO CONTRA OS GOVERNOS ESTADUAIS

Lida com a devida atenção, a Ação Direta de Inconstitucionalidade protocolada pela Advocacia-Geral da União (AGU) no Supremo Tribunal Federal em nome do presidente Jair Bolsonaro, solicitando a suspensão de lockdown nos Estados de Pernambuco, Rio Grande do Norte e Paraná, parece ter sido escrita por quem precisa estudar mais lógica e hermenêutica jurídica.

No campo da lógica, um dos problemas da petição está na incoerência de quem a patrocina. Embora Bolsonaro seja sabidamente um negacionista da ciência, a AGU alega, em seu nome, que as medidas adotadas pelos governadores não têm base científica "teórica ou empírica". Outro problema é modo como o artigo 5º da Constituição, que trata dos direitos fundamentais, foi interpretado pelo órgão, previsto sem qualquer ponderação ou balanceamento entre seus quase 80 incisos – como se cada direito previsto fosse absoluto e passível de simples juízo de subsunção, equivalendo a uma premissa maior totalmente delimitada em sua hipótese de incidência e consequência normativa, à qual fatos evidentes servissem como uma premissa menor, tomando-se por base a premissa maior, aplicando-a à premissa menor, chegando-se assim a uma conclusão necessária.

O número de incisos é muito alto e isso decorre do fato de que a Constituição tem um caráter aspiracional, uma vez que, promulgada menos de três anos após a saída dos militares do poder, ela buscava mudar e transformar as relações de poder, e não conservá-las com roupagem nova. É por isso que, ao consagrar um determinado tipo de liberdade e de direito, cada um desses incisos não é aplicável à maneira do tudo-ou-nada. Como há uma interação entre eles, a interpretação constitucional busca equilíbrio entre as liberdades e as garantias por eles estabelecidas, o que torna impossível, portanto, afirmar que cada direito é absoluto.

A petição da AGU se concentra, basicamente, nos direitos de locomoção e de trabalho. Afirma que a suspensão da política de isolamento social nos três Estados é necessária em face do "notório prejuízo que será gerado para a subsistência econômica e para a liberdade de locomoção das pessoas". Alega que as medidas tomadas por esses Estados não apresentam "técnica minimamente consensual sobre a eficácia da proibição de locomoção no horário noturno, em que o trânsito é sabidamente discreto". Por fim, afirma que o argumento dos governadores "é inadequado e despido de qualquer traço científico, traduzindo uma avaliação injustificadamente discriminatória do comportamento de pessoas que transitam pelo espaço público no período noturno".

Ao justificar as medidas de isolamento e lockdown tomadas, contudo, os governadores lembram que o direito à saúde é indisponível. Igualmente, alegam que, se o poder público tem a obrigação de não medir esforços para assegurar a "manutenção da vida", como determina a Constituição, inclusive tomando medidas restritivas drásticas de isolamento social, ele pode impor restrições sanitárias para evitar nova propagação do vírus.

Não é difícil ver quem tem razão nesse embate judicial. Vistas à luz do bem comum, as restrições impostas pelos governadores são justificáveis na medida em que, ao conter a liberdade de ir e vir das pessoas, elas evitam a contaminação do resto da população. Por mais importante que seja a liberdade individual, cabe ao poder público a responsabilidade pela saúde da coletividade. Se em tempos de pandemia muitos cidadãos querem maximizar suas liberdades, saindo à noite, o poder público não tem outra saída a não ser proibir que o comportamento de alguns coloque em risco a vida dos demais. A transferência da soberania do povo para o poder público está na base do Estado moderno. Nesta perspectiva, a vontade geral vai muito além das vontades individuais, exigindo, por exemplo, intervenção dos diferentes braços do Estado, seja para neutralizar eventuais impasses decorrentes da colisão entre princípios constitucionais, seja para neutralizar crises econômicas e sanitárias. O que Bolsonaro e a AGU não entendem é que, se por um lado a Constituição garante a liberdade de sair de casa e de se locomover pelos espaços públicos, por outro essa garantia não confere liberdade para infectar.

Desde que o Estado democrático de Direito se consolidou, há um sentido de responsabilidade maior que limita a própria liberdade de locomoção, como forma de defender o interesse geral – no caso atual, por exemplo, tal interesse é inequívoco: deter o avanço da pandemia. Assim, quando a AGU invoca o direito de locomover e trabalhar dos cidadãos, ela não percebe que a simples imposição da vontade de uns sobre a vontade de outros pode levar à postura arbitrária de reivindicar como liberdade a realização de atividades que põem em risco a vida coletiva.

Portanto, se esses cuidados mínimos propostos pelos governadores forem suspensos, como Bolsonaro e a AGU pediram ao Supremo, a expressão "liberdade", que é citada em vários dos quase 80 incisos do artigo 5º da Constituição, correrá o risco de perder sentido. Isto porque poderá ser aplicável a qualquer coisa – inclusive como pretexto para governantes negacionistas da ciência que a invocam para justificar a "liberdade" que a população tem de não se vacinar.

Esta obra foi composta em fonte Palatino Linotype, corpo 11,5
e impressa em papel Pólen Bold 70g (miolo) e Supremo 250g (capa)
pela Gráfica Paulinelli, em Belo Horizonte/MG.